地藏經 寫經

제1권

무비 스님의
지장경 사경 제1권

제1 도리천궁신통품 - 제4 염부중생업감품

무비 스님 한글 번역

담앤북스

사경집을 펴내며

필자는 일찍이 불교에 귀의하여 경학과 참선과 사경과 절과 기도와 염불 등을 골고루 실참實參하면서 무엇이 가장 효과적인 수행일까 하는 생각을 누누이 하여 왔습니다. 그러다가 여러 가지 상황으로 볼 때 사경수행寫經修行이 그 어떤 수행보다도 가장 효과가 뛰어나다는 것을 깨닫게 되었습니다.

그래서 오래전 부산 금정산 아래에 〈문수선원文殊禪院〉이라는 작은 공부방을 하나 마련하여 뜻을 같이하는 불자들과 〈사경수행도량寫經修行道場〉이라는 이름으로 여러 경전을 강의도 하고 아울러 많은 사경 교재를 만들어 사경寫經만 하는 특별반 및 사경 시간을 마련하여 정진하고 있습니다.

그리고 한편 〈사경수행공동체寫經修行共同體〉라는 이름으로 전국의 많은 불자들과 사경수행을 함께 하자는 생각을 하던 중에 마침 2008년 1월부터 전국의 스님 2백여 명이 강의를 들으러 오게 되어서 이 기회에 가장 이상적이고 친절한 사경 책을 여러 가지 준비하여 보급하게 되었습니다. 비록 어떤 조직체는 없으나 자연스럽게 그 많은 스님들의 손으로 사경 책이 전해지고 또 전해져서 그동안 1백만 권 이상이 보급되었으리라 생각합니다.

『금강경』에는 경전을 받아 지니고, 읽고, 외우고, 사경하는 공덕이 그 어떤 공덕보다 우수하다 하였고, 『법화경』에는 부처님을 대신하는 다섯 가지의 법사法師가 있으니 경전을 받아 지니고, 읽고, 외우고, 해설하고, 사경하는 일이라 하였습니다. 사경하는 일이 이와 같거늘 사경수행보다 우수한 공덕과 수행의 방법이 그 어디에 있겠습니까. 실로 불교의 수많은 수행 중에서 가장 위대한 수행이라 할 수 있을 것입니다.

새롭게 도약하는 사경수행운동이 전국으로 번져 나가서 인연을 함께하는 모든 분들이 자신이 앉은 그 자리에서 〈사경수행공동체〉의 일원이 되어 사경이 불법수행의 가장 바르고 가장 유익한 수행이라는 사실을 깨닫게 되어 열심히 정진하시기를 간절히 바랍니다.

경을 쓰는 이 공덕 수승하여라.

가없는 그 복덕 모두 회향하여

이 세상의 모든 사람 모든 생명들

무량광불 나라에서 행복하여지이다.

2022년 5월 15일

신라 화엄종찰 금정산 범어사

如天 無比 합장

사경 발원문

사경 시작한 날 :　　　년　　　월　　　일

＿＿＿＿＿＿＿ 두손 모음

사	경	공	덕	수	승	행
寫	經	功	德	殊	勝	行
베낄 사	경전 경	공덕 공	덕 덕	다를 수	뛰어날 승	행할 행

무	변	승	복	개	회	향
無	邊	勝	福	皆	廻	向
없을 무	가 변	뛰어날 승	복 복	다 개	돌 회	향할 향

보	원	침	익	제	유	정
普	願	沈	溺	諸	有	情
널리 보	원할 원	가라앉을 침	빠질 익	모든 제	있을 유	뜻 정

속	왕	무	량	광	불	찰
速	往	無	量	光	佛	刹
빠를 속	갈 왕	없을 무	헤아릴 량	빛 광	부처 불	절 찰

경을 쓰는 이 공덕 수승하여라.
가없는 그 복덕 모두 회향하여
이 세상의 모든 사람 모든 생명들
무량광불 나라에서 행복하여지이다.

地	藏	經							
땅 **지**	감출 **장**	글 **경**							

第	一		忉	利	天	宮	神	通	品
차례 **제**	한 **일**		근심할 **도**	이로울 **리**	하늘 **천**	집 **궁**	신통할 **신**	통할 **통**	가지 **품**

1. 고와 낙의 도리

如	是	我	聞 하사오니	一	時 에	佛 이		在
같을 **여**	이 **시**	나 **아**	들을 **문**	한 **일**	때 **시**	부처 **불**		있을 **재**

忉	利	天 하사	爲	母	說	法 이러니	爾	時
근심할 **도**	이로울 **리**	하늘 **천**	위할 **위**	어머니 **모**	말씀 **설**	법 **법**	너 **이**	때 **시**

에	十	方	無	量	世	界	不	可	說	不
	열 **십(시)**	방위 **방**	없을 **무**	헤아릴 **량**	세상 **세**	경계 **계**	아닐 **불**	가히 **가**	말씀 **설**	아닐 **불**

제1. 도리천에서 신통을 보이다

저는 이와 같은 내용들을 보고 들었습니다.

어느 날 부처님께서 도리천에서 어머님을 위해 법을 설하시었는데,

이때에 시방에서 말로는 다 표현할 수 없이 많은 부처님과

可	說	一	切	諸	佛 과		及	大	菩	薩
가히 가	말씀 설	한 일	온통 체	모두 제	부처 불		및 급	큰 대	보리 보	보살 살
摩	訶	薩	이	皆	來	集	會 하사		讚	歎
갈 마	꾸짖을 하	보살 살		다 개	올 래	모을 집	모일 회		기릴 찬	칭찬할 탄
하시되	釋	迦	牟	尼	佛 이		能	於	五	濁
	풀 석	부처 이름 가	소우는소리 모	여승 니	부처 불		능할 능	어조사 어	다섯 오	흐릴 탁
惡	世 에		現	不	可	思	議	大	智	慧
악할 악	세상 세		나타날 현	아닐 불	가히 가	생각 사	의논할 의	큰 대	슬기 지	슬기로울 혜
神	通	之	力 하사		調	伏	剛	强	衆	生
신통할 신	통할 통	어조사 지	힘 력		고를 조	엎드릴 복	굳셀 강	굳셀 강	무리 중	날 생
하여	知	苦	樂	法 이라 하시고		各	遣	侍	者 하사	
	알 지	괴로울 고	즐길 락	법 법		각각 각	보낼 견	모실 시	사람 자	
問	訊	世	尊 하니라							
물을 문	물을 신	세상 세	높을 존							

훌륭하신 보살님들이 모두 이곳에 모여 와서 찬탄하기를
"석가모니 부처님께서는 오탁악세에서 불가사의한 큰 지혜와 신통한 힘을 나타내시어
억세고 거친 중생들을 능히 조복하여 즐거움과 괴로움의 도리를 알게 하신다."고 하면서
모든 시자들을 보내어서 세존께 문안을 드리게 하였다.

2. 광명을 놓다

是	時	에	如	來	含	笑	하시고	放	百	千
이 시	때 시		같을 여	올 래	머금을 함	웃음 소		놓을 방	일백 백	일천 천
萬	億	大	光	明	雲	하시니		所	謂	大	圓
일만 만	억 억	큰 대	빛 광	밝을 명	구름 운			바 소	이를 위	큰 대	둥글 원
滿	光	明	雲	과		大	慈	悲	光	明	雲
찰 만	빛 광	밝을 명	구름 운			큰 대	사랑 자	슬플 비	빛 광	밝을 명	구름 운
과	大	智	慧	光	明	雲	과	大	般	若
	큰 대	슬기 지	슬기로울 혜	빛 광	밝을 명	구름 운		큰 대	일반 반	반야 야
光	明	雲	과	大	三	昧	光	明	雲	과
빛 광	밝을 명	구름 운		큰 대	석 삼	어두울 매	빛 광	밝을 명	구름 운	
大	吉	祥	光	明	雲	과	大	福	德	光
큰 대	길할 길	상서 상	빛 광	밝을 명	구름 운		큰 대	복 복	덕 덕	빛 광

이때에 여래께서는 웃음을 머금으시고 백천만억의 큰 광명을 놓으시었다.
이른바 크고 원만한 광명과 큰 자비의 광명과 큰 지혜의 광명과
큰 반야의 광명과 큰 삼매의 광명과 큰 길상의 광명과 큰 복덕의 광명과

明	雲	과	大	功	德	光	明	雲	과	大
밝을 **명**	구름 **운**		큰 **대**	공 **공**	덕 **덕**	빛 **광**	밝을 **명**	구름 **운**		큰 **대**

歸	依	光	明	雲	과	大	讚	歎	光	明
돌아갈 **귀**	의지할 **의**	빛 **광**	밝을 **명**	구름 **운**		큰 **대**	기릴 **찬**	칭찬할 **탄**	빛 **광**	밝을 **명**

雲	이니라
구름 **운**	

3. 음성을 내다

放	如	是	等	不	可	說	光	明	雲	已
놓을 **방**	같을 **여**	이 **시**	무리 **등**	아닐 **불**	가히 **가**	말씀 **설**	빛 **광**	밝을 **명**	구름 **운**	이미 **이**

하시고	又	出	種	種	微	妙	之	音	하시니	所
	또 **우**	날 **출**	종류 **종**	종류 **종**	작을 **미**	묘할 **묘**	어조사 **지**	소리 **음**		바 **소**

謂	檀	波	羅	蜜	音	이며	尸	羅	波	羅
이를 **위**	박달나무 **단**	물결 **파(바)**	그물 **라**	꿀 **밀**	소리 **음**		주검 **시**	그물 **라**	물결 **파(바)**	그물 **라**

큰 공덕의 광명과 크게 귀의하는 광명과 크게 찬탄하는 광명이었다.

이처럼 말로는 다 나타낼 수 없는 많은 광명을 놓으신 뒤에
또한 갖가지의 미묘한 음성을 내시었다.
이른바 단바라밀의 음성과 시라바라밀의 음성과

蜜	音	이며	羼	提	波	羅	蜜	音	이며	毗
꿀 밀	소리 음		뒤섞일 찬	끌 제	물결 파(바)	그물 라	꿀 밀	소리 음		도울 비
離	耶	波	羅	蜜	音	이며	禪	波	羅	蜜
떠날 리	어조사 야	물결 파(바)	그물 라	꿀 밀	소리 음		선 선	물결 파(바)	그물 라	꿀 밀
音	이며	般	若	波	羅	蜜	音	이며	慈	悲
소리 음		일반 반	반야 야	물결 파(바)	그물 라	꿀 밀	소리 음		사랑 자	슬플 비
音	이며	喜	捨	音	이며	解	脫	音	이며	無
소리 음		기쁠 희	버릴 사	소리 음		풀 해	벗을 탈	소리 음		없을 무
漏	音	이며	智	慧	音	이며	大	智	慧	音
샐 루	소리 음		슬기 지	슬기로울 혜	소리 음		큰 대	슬기 지	슬기로울 혜	소리 음
이며	師	子	吼	音	이며	大	師	子	吼	音
	스승 사	아들 자	울 후	소리 음		큰 대	스승 사	아들 자	울 후	소리 음
이며	雲	雷	音	이며	大	雲	雷	音	이니라	
	구름 운	우레 뢰	소리 음		큰 대	구름 운	우레 뢰	소리 음		

찬제바라밀의 음성과 비리야바라밀의 음성과 선나바라밀의 음성과
반야바라밀의 음성과 자비의 음성과 희사의 음성과 해탈의 음성과
무루의 음성과 지혜의 음성과 대지혜의 음성과 사자후의 음성과
대사자후의 음성과 우레의 음성과 큰 우레의 음성이었다.

4. 대중들이 법회에 모이다

出	如	是	等	不	可	說	不	可	說	音
날 **출**	같을 **여**	이 **시**	무리 **등**	아닐 **불**	가히 **가**	말씀 **설**	아닐 **불**	가히 **가**	말씀 **설**	소리 **음**

已	하시고	娑	婆	世	界	와	及	他	方	國
이미 **이**		춤출 **사**	할미 **파(바)**	세상 **세**	경계 **계**		및 **급**	다를 **타**	방위 **방**	나라 **국**

土	에	有	無	量	億	天	龍	鬼	神	이
흙 **토**		있을 **유**	없을 **무**	헤아릴 **량**	억 **억**	하늘 **천**	용 **룡**	귀신 **귀**	신 **신**	

亦	集	到	忉	利	天	宮	하니	所	謂	四
또 **역**	모을 **집**	이를 **도**	근심할 **도**	이로울 **리**	하늘 **천**	집 **궁**		바 **소**	이를 **위**	넉 **사**

天	王	天	과	忉	利	天	과	須	燄	摩
하늘 **천**	임금 **왕**	하늘 **천**		근심할 **도**	이로울 **리**	하늘 **천**		모름지기 **수**	불꽃 **염**	갈 **마**

天	과	兜	率	陀	天	과	化	樂	天	과
하늘 **천**		도솔천 **도**	거느릴 **솔**	비탈질 **타**	하늘 **천**		될 **화**	즐길 **락**	하늘 **천**	

이처럼 말로는 다할 수 없는 소리를 내시니 사바세계와 다른 곳의 국토에 있는
무량억의 천신과 용과 귀신들도 또한 도리천궁에 모여들었다.
이른바 사천왕천, 도리천, 수염마천, 도솔타천, 화락천,

他	化	自	在	天	과	梵	衆	天	과	梵
다를 타	될 화	스스로 자	있을 재	하늘 천		하늘 범	무리 중	하늘 천		하늘 범
輔	天	과	大	梵	天	과	少	光	天	과
도울 보	하늘 천		큰 대	하늘 범	하늘 천		적을 소	빛 광	하늘 천	
無	量	光	天	과	光	音	天	과	少	淨
없을 무	헤아릴 량	빛 광	하늘 천		빛 광	소리 음	하늘 천		적을 소	깨끗할 정
天	과	無	量	淨	天	과	遍	淨	天	과
하늘 천		없을 무	헤아릴 량	깨끗할 정	하늘 천		두루 변	깨끗할 정	하늘 천	
福	生	天	과	福	愛	天	과	廣	果	天
복 복	날 생	하늘 천		복 복	사랑 애	하늘 천		넓을 광	과실 과	하늘 천
과	嚴	飾	天	과	無	量	嚴	飾	天	과
	엄할 엄	꾸밀 식	하늘 천		없을 무	헤아릴 량	엄할 엄	꾸밀 식	하늘 천	
嚴	飾	果	實	天	과	無	想	天	과	無
엄할 엄	꾸밀 식	과실 과	열매 실	하늘 천		없을 무	생각 상	하늘 천		없을 무

타화자재천, 범중천, 범보천, 대범천, 소광천, 무량광천, 광음천, 소정천, 무량정천, 변정천, 복생천, 복애천, 광과천, 엄식천, 무량엄식천, 엄식과실천, 무상천,

煩	天	과		無	熱	天	과		善	見	天	과
번거로울 번	하늘 천			없을 무	더울 열	하늘 천			착할 선	볼 견	하늘 천	

善	現	天	과		色	究	竟	天	과		摩	醯
착할 선	나타날 현	하늘 천			빛 색	연구할 구	마침내 경	하늘 천			갈 마	초 혜

首	羅	天	과		乃	至	非	想	非	非	想
머리 수	그물 라	하늘 천			이에 내	이를 지	아닐 비	생각 상	아닐 비	아닐 비	생각 상

處	天	과		一	切	天	衆	과		龍	衆	과
곳 처	하늘 천			한 일	온통 체	하늘 천	무리 중			용 용	무리 중	

鬼	神	等	衆	이		悉	來	集	會	하니라	復
귀신 귀	신 신	무리 등	무리 중			다 실	올 래	모을 집	모일 회		다시 부

有	他	方	國	土	와		及	娑	婆	世	界
있을 유	다를 타	방위 방	나라 국	흙 토			및 급	춤출 사	할미 파(바)	세상 세	경계 계

의	海	神	江	神	과		河	神	樹	神	과
	바다 해	신 신	강 강	신 신			물 하	신 신	나무 수	신 신	

무번천, 무열천, 선견천, 선현천, 색구경천, 마혜수라천 내지 비상비비상처천의
일체 천신 대중과 용의 대중과 귀신의 대중들까지 모두 와서 모였다.
또 다시 다른 곳의 국토와 사바세계에 있는 바다의 신과 강의 신과 하천의 신과 나무의 신과

山	神	地	神	과	川	澤	神	苗	稼	神
뫼 산	신 신	땅 지	신 신		내 천	못 택	신 신	모 묘	곡식 가	신 신

과	晝	神	夜	神	과	空	神	天	神	과
	낮 주	신 신	밤 야	신 신		빌 공	신 신	하늘 천	신 신	

飮	食	神	草	木	神	과	如	是	等	神
마실 음	먹을 식	신 신	풀 초	나무 목	신 신		같을 여	이 시	무리 등	신 신

이	皆	來	集	會	하니라	復	有	他	方	國
	다 개	올 래	모을 집	모일 회		다시 부	있을 유	다를 타	방위 방	나라 국

土	와	及	娑	婆	世	界	諸	大	鬼	王
흙 토		및 급	춤출 사	할미 파(바)	세상 세	경계 계	모두 제	큰 대	귀신 귀	임금 왕

하니	所	謂	惡	目	鬼	王	과	噉	血	鬼
	바 소	이를 위	악할 악	눈 목	귀신 귀	임금 왕		먹을 담	피 혈	귀신 귀

王	과	噉	精	氣	鬼	王	과	噉	胎	卵
임금 왕		먹을 담	정할 정	기운 기	귀신 귀	임금 왕		먹을 담	아이 밸 태	알 란

산의 신과 땅의 신과 천택의 신과 곡식의 신과 낮의 신과 밤의 신과
허공의 신과 천신과 음식신과 초목신과 같은 이러한 신들도 모두 와서 법회에 모였다.
또 다시 다른 곳의 국토와 사바세계의 모든 큰 귀신의 왕들이 있었다.
이른바 무서운 눈을 한 귀왕과 피를 먹는 귀왕과 정기를 먹는 귀왕과

鬼	王	과	行	病	鬼	王	과	攝	毒	鬼
귀신 귀	임금 왕		다닐 행	병 병	귀신 귀	임금 왕		거둘 섭	독 독	귀신 귀
王	과	慈	心	鬼	王	과	福	利	鬼	王
임금 왕		사랑 자	마음 심	귀신 귀	임금 왕		복 복	이로울 리	귀신 귀	임금 왕
과	大	愛	敬	鬼	王	인	如	是	等	鬼
	큰 대	사랑 애	공경 경	귀신 귀	임금 왕		같을 여	이 시	무리 등	귀신 귀
王	이	皆	來	集	會	하니라				
임금 왕		다 개	올 래	모을 집	모일 회					

5. 지장보살이 제도한 사람들

爾	時	에	釋	迦	牟	尼	佛	이	告	文
너 이	때 시		풀 석	부처 이름 가	소우는소리 모	여승 니	부처 불		고할 고	글월 문
殊	師	利	法	王	子	菩	薩	摩	訶	薩
다를 수	스승 사	이로울 리	법 법	임금 왕	아들 자	보리 보	보살 살	갈 마	꾸짖을 하	보살 살

태와 알을 먹는 귀왕과 병을 뿌리고 다니는 귀왕과 독기를 거두어들이는 귀왕과
자비한 마음을 가진 귀왕과 복과 이익을 주는 귀왕과
매우 사랑스럽고 공경할 만한 귀왕 등 이러한 귀왕들이 모두 와서 법회에 모였다.

그때에 석가모니 부처님께서는 문수사리법왕자 보살마하살에게 이르시었다.

하시되	汝	觀	是	一	切	諸	佛	菩	薩	과
	너 여	볼 관	이 시	한 일	온통 체	모두 제	부처 불	보리 보	보살 살	

及	天	龍	鬼	神	과	此	世	界	他	世
및 급	하늘 천	용 룡	귀신 귀	신 신		이 차	세상 세	경계 계	다를 타	세상 세

界	와	此	國	土	他	國	土	에	如	是
경계 계		이 차	나라 국	흙 토	다를 타	나라 국	흙 토		같을 여	이 시

今	來	集	會	到	忉	利	天	者	를	汝
이제 금	올 래	모을 집	모일 회	이를 도	근심할 도	이로울 리	하늘 천	것 자		너 여

知	數	不	아	文	殊	師	利	白	佛	言
알 지	셈 수	아닐 부		글월 문	다를 수	스승 사	이로울 리	아뢸 백	부처 불	말씀 언

하시되	世	尊	하	若	以	我	神	力	으로	千
	세상 세	높을 존		만약 약	써 이	나 아	신통할 신	힘 력		일천 천

劫	測	度	하야도	不	能	得	知	로소이다	佛	告
겁 겁	헤아릴 측	헤아릴 탁		아닐 불	능할 능	얻을 득	알 지		부처 불	고할 고

"그대는 이러한 여러 부처님과 보살과 천룡과 귀신과 이 세계와 저 세계,
이 국토와 다른 국토에서 이처럼 지금 도리천에 와서 법회에 모인 것을 보고
그대는 그 수를 알 수 있겠느냐?"
문수사리가 부처님께 사뢰어 말씀드렸다.
"세존이시여, 저의 신력으로서는 천 겁을 두고 헤아린다 하더라도
능히 그 수를 알 수가 없습니다."

文	殊	師	利	하시되	吾	以	佛	眼	觀	하여도
글월 문	다를 수	스승 사	이로울 리		나 오	써 이	부처 불	눈 안	볼 관	
猶	不	盡	數	니	此	는	皆	是	地	藏
오히려 유	아닐 부	다할 진	셈 수		이 차		다 개	이 시	땅 지	감출 장
菩	薩	이	久	遠	劫	來	에	已	度	當
보리 보	보살 살		오랠 구	멀 원	겁 겁	올 래		이미 이	법도 도	당할 당
度	未	度	하며	已	成	就	當	成	就	未
법도 도	아닐 미	법도 도		이미 이	이룰 성	나아갈 취	당할 당	이룰 성	나아갈 취	아닐 미
成	就	니라	文	殊	師	利	白	佛	言	하시되
이룰 성	나아갈 취		글월 문	다를 수	스승 사	이로울 리	아뢸 백	부처 불	말씀 언	
世	尊	하	我	已	過	去	에	久	修	善
세상 세	높을 존		나 아	이미 이	지날 과	갈 거		오랠 구	닦을 수	착할 선
根	하여	證	無	碍	智	일새	聞	佛	所	言
뿌리 근		깨달을 증	없을 무	거리낄 애	슬기 지		들을 문	부처 불	바 소	말씀 언

부처님께서 문수사리에게 이르시었다.

"내가 부처의 눈으로 보더라도 오히려 다 헤아리지 못한다.

이들은 모두 지장보살이 오랜 세월 동안 이미 제도했거나 지금 제도 중이거나 앞으로 제도할 이들이며,

이미 성취시켰거나 지금 성취 중이거나 앞으로 성취시킬 이들이다."

문수사리가 부처님께 사뢰어 말씀드렸다. "세존이시여, 저는 과거로부터 오랫동안 선근을 닦아서

걸림이 없는 지혜를 증득하였으므로 부처님께서 하시는 말씀을 듣고

하고	卽	當	信	受	어니와	小	果	聲	聞	과
	곧 즉	마땅 당	믿을 신	받을 수		작을 소	과실 과	소리 성	들을 문	
天	龍	八	部	와	及	未	來	世	諸	衆
하늘 천	용 룡	여덟 팔	거느릴 부		및 급	아닐 미	올 래	세상 세	모두 제	무리 중
生	等	은	雖	聞	如	來	誠	實	之	語
날 생	무리 등		비록 수	들을 문	같을 여	올 래	성성 성	열매 실	어조사 지	말씀 어
하야도	必	懷	疑	惑	하며	設	使	頂	受	하야도
	반드시 필	품을 회	의심할 의	미혹할 혹		가령 설	가령 사	정수리 정	받을 수	
未	免	興	謗	하리니	唯	願	世	尊	은	廣
아닐 미	면할 면	일 흥	헐뜯을 방		오직 유	원할 원	세상 세	높을 존		넓을 광
說	地	藏	菩	薩	摩	訶	薩	의	因	地
말씀 설	땅 지	감출 장	보리 보	보살 살	갈 마	꾸짖을 하	보살 살		인할 인	땅 지
에	作	何	行	하며	立	何	願	하여	而	能
	지을 작	어찌 하	행할 행		설 입	어찌 하	원할 원		말 이을 이	능할 능

곧 당연히 그대로 믿겠습니다만
수행이 작은 성문과 천룡팔부와 미래세의 모든 중생들은
비록 여래의 진실한 말씀을 듣더라도 반드시 의혹을 품을 것이며,
설사 받들어 가지더라도 비방 받는 것을 면하지 못할 것입니다.
바라건대 세존께서는 지장보살마하살이 처음 수행할 때에 어떠한 수행을 하였으며
어떠한 서원을 세워서 이러한 불가사의한 일을 성취하였는지 널리 말씀하여 주십시오."

成	就	不	思	議	事	하소서				
이룰 성	나아갈 취	아닐 부	생각 사	의논할 의	일 사					

6. 지장보살의 인행과 공덕

佛	告	文	殊	師	利	하시되	譬	如	三	千
부처 불	고할 고	글월 문	다를 수	스승 사	이로울 리		비유할 비	같을 여	석 삼	일천 천
大	千	世	界	에	所	有	草	木	叢	林
큰 대	일천 천	세상 세	경계 계		바 소	있을 유	풀 초	나무 목	모일 총	수풀 림
과	稻	麻	竹	葦	와	山	石	微	塵	에
	벼 도	삼 마	대 죽	갈대 위		뫼 산	돌 석	작을 미	티끌 진	
一	物	一	數	로	作	一	恒	河	하고	一
한 일	물건 물	한 일	셈 수		지을 작	한 일	항상 항	물 하		한 일
恒	河	沙	一	沙	로	一	界	하고	一	界
항상 항	물 하	모래 사	한 일	모래 사		한 일	경계 계		한 일	경계 계

부처님께서는 문수사리보살에게 말씀하셨다.

"비유하자면 삼천대천세계에 있는 풀과 나무와 숲과

벼와 삼과 대나무와 갈대와 산과 돌과 미진의 이 많은 것 중에,

한 가지 물건을 하나로 계산하고 그 하나를 한 개의 항하로 여겨서

한 항하의 모래 하나하나를 한 세계라고 하고,

之	內	에	一	塵	으로	一	劫	이요	一	劫
어조사 지	안 내		한 일	티끌 진		한 일	겁 겁		한 일	겁 겁
之	內	에	所	積	塵	數	를	盡	充	爲
어조사 지	안 내		바 소	쌓을 적	티끌 진	셈 수		다할 진	채울 충	할 위
劫	하여도	地	藏	菩	薩	이	證	十	地	果
겁 겁		땅 지	감출 장	보리 보	보살 살		깨달을 증	열 십	지위 지	과실 과
位	以	來	컨대	千	倍	多	於	上	喩	어든
자리 위	써 이	올 래		일천 천	곱 배	많을 다	어조사 어	위 상	비유할 유	
何	況	地	藏	菩	薩	이	在	聲	聞	辟
어찌 하	하물며 황	땅 지	감출 장	보리 보	보살 살		있을 재	소리 성	들을 문	임금 벽
支	佛	地	이리요	文	殊	師	利	여	此	菩
지탱할 지	부처 불	지위 지		글월 문	다를 수	스승 사	이로울 리		이 차	보리 보
薩	의	威	神	誓	願	은	不	可	思	議
보살 살		위엄 위	신통할 신	맹세할 서	원할 원		아닐 불	가히 가	생각 사	의논할 의

그 한 세계 안에 있는 한 개의 먼지를 일 겁으로 삼고,

그 겁 안에 쌓여 있는 먼지의 수를 모두 겁이라고 한다 하더라도,

지장보살이 보살의 가장 높은 지위인 십지과위를 증득한 시간은

위에서 비유한 수보다 천 배도 더 오래거늘

하물며 지장보살이 성문과 벽지불에서 행한 일을 어찌 다 비유할 수 있겠는가.

문수사리여, 이 지장보살의 위신력과 서원은 생각으로 헤아릴 수가 없다.

니	若	未	來	世	에		有	善	男	子	善
	만약 **약**	아닐 **미**	올 **래**	세상 **세**			있을 **유**	착할 **선**	사내 **남**	아들 **자**	착할 **선**
女	人	이	聞	是	菩	薩	名	字	하고		或
여자 **여**	사람 **인**		들을 **문**	이 **시**	보리 **보**	보살 **살**	이름 **명**	글자 **자**			혹 **혹**
讚	歎	커나	或	瞻	禮	커나		或	稱	名	커나
기릴 **찬**	칭찬할 **탄**		혹 **혹**	볼 **첨**	예도 **례**			혹 **혹**	일컬을 **칭**	이름 **명**	
或	供	養	커나	乃	至	彩	畫	刻	鏤	塑
혹 **혹**	이바지할 **공**	기를 **양**		이에 **내**	이를 **지**	채색 **채**	그림 **화**	새길 **각**	새길 **루**	흙 빚을 **소**
漆	形	像	하면	是	人	은	當	得	百	返
옻칠 **칠**	모양 **형**	모양 **상**		이 **시**	사람 **인**		마땅 **당**	얻을 **득**	일백 **백**	횟수 **반**
生	於	三	十	三	天	하여	永	不	墮	惡
날 **생**	어조사 **어**	석 **삼**	열 **십**	석 **삼**	하늘 **천**		길 **영**	아닐 **불**	떨어질 **타**	악할 **악**
道	하리라									
길 **도**										

만약 미래세에 선남자와 선여인이 있어서 이 보살의 이름을 듣고 혹 찬탄하든지,
혹 우러러 예배하든지, 혹 이름을 일컫든지, 혹 공양하든지,
아니면 그림으로 형상을 그리거나 조각하여 만들거나 옻칠을 올리게 되면
이 사람은 마땅히 백 번이라도 삼십삼천에 태어나서
영원히 악도에 떨어지지 아니할 것이다."

7. 본생담 1 - 장자의 아들이 되다

文	殊	師	利	여	是	地	藏	菩	薩	摩
글월 문	다를 수	스승 사	이로울 리		이 시	땅 지	감출 장	보리 보	보살 살	갈 마

訶	薩	은	於	過	去	久	遠	不	可	說
꾸짖을 하	보살 살		어조사 어	지날 과	갈 거	오랠 구	멀 원	아닐 불	가히 가	말씀 설

不	可	說	劫	前	에	身	爲	大	長	者
아닐 불	가히 가	말씀 설	겁 겁	앞 전		몸 신	될 위	큰 대	어른 장	사람 자

子	러니	時	世	有	佛	하시되	號	曰	獅	子
아들 자		때 시	세상 세	있을 유	부처 불		이름 호	가로 왈	사자 사	아들 자

奮	迅	具	足	萬	行	如	來	시라	時	에
떨칠 분	빠를 신	갖출 구	족할 족	일만 만	행할 행	같을 여	올 래		때 시	

長	者	子	見	佛	相	好	千	福	으로	莊
어른 장	사람 자	아들 자	볼 견	부처 불	모양 상	좋을 호	일천 천	복 복		꾸밀 장

"문수사리여, 이 지장보살하마살은 과거 오랜 세월
말로는 다할 수 없는 겁 전에 장자의 아들이 되었다.
그때에 부처님이 계셨으니 이름을 사자분신구족만행여래라고 하였다.
그때 장자의 아들이 부처님의 상호가 온갖 복으로 장엄하였음을 보고

嚴	하고	因	問	彼	佛	하시되	作	何	行	願
엄할 **엄**		인할 **인**	물을 **문**	저 **피**	부처 **불**		지을 **작**	어찌 **하**	행할 **행**	원할 **원**
하여서	而	得	此	相	이니까	時	에	獅	子	奮
	말 이을 **이**	얻을 **득**	이 **차**	모양 **상**		때 **시**		사자 **사**	아들 **자**	떨칠 **분**
迅	具	足	萬	行	如	來	告	長	者	子
빠를 **신**	갖출 **구**	족할 **족**	일만 **만**	행할 **행**	같을 **여**	올 **래**	고할 **고**	어른 **장**	사람 **자**	아들 **자**
하시되	欲	證	此	身	인데	當	須	久	遠	에
	하고자 할 **욕**	깨달을 **증**	이 **차**	몸 **신**		마땅 **당**	모름지기 **수**	오랠 **구**	멀 **원**	
度	脫	一	切	受	苦	衆	生	이라 하시거늘	文	殊
법도 **도**	벗을 **탈**	한 **일**	온통 **체**	받을 **수**	괴로울 **고**	무리 **중**	날 **생**		글월 **문**	다를 **수**
師	利	야	時	에	長	者	子	因	發	誓
스승 **사**	이로울 **리**		때 **시**		어른 **장**	사람 **자**	아들 **자**	인할 **인**	필 **발**	맹세할 **서**
言	하되	我	今	盡	未	來	際	不	可	計
말씀 **언**		나 **아**	이제 **금**	다할 **진**	아닐 **미**	올 **래**	즈음 **제**	아닐 **불**	가히 **가**	셀 **계**

그 부처님께 '어떠한 행원을 지어서 이러한 상호를 얻으셨습니까?' 하고 물었더니

그때에 사자분신구족만행여래께서 장자의 아들에게 말씀하시기를

'이러한 몸을 증득하고자 한다면 마땅히 오랜 세월 동안

일체의 고통을 받는 중생들을 제도하여 해탈시켜야 한다.'고 하시었다.

문수사리여, 그때 장자의 아들은 그 말씀으로 인하여 맹서를 발하여 말하기를

'나는 지금부터 미래세의 헤아리지 못할 겁이 다할 때까지

劫 에		爲	是	罪	苦	六	道	衆	生 하여
겁 겁		위할 위	이 시	허물 죄	괴로울 고	여섯 육	길 도	무리 중	날 생

廣	設	方	便 하야		盡	令	解	脫 코서		而
넓을 광	베풀 설	처방 방	편할 편		다할 진	하여금 령	풀 해	벗을 탈		말이을 이

我	自	身 이		方	成	佛	道 하리라 하여		以	是
나 아	스스로 자	몸 신		장차 방	이룰 성	부처 불	길 도		써 이	이 시

於	彼	佛	前 에		立	斯	大	願	于	今
어조사 어	저 피	부처 불	앞 전		설 입	이 사	큰 대	원할 원	어조사 우	이제 금

百	千	萬	億	那	由	陀	不	可	說	劫
일백 백	일천 천	일만 만	억 억	어찌 나	말미암을 유	비탈질 타	아닐 불	가히 가	말씀 설	겁 겁

에	尚	爲	菩	薩 이니라						
	오히려 상	될 위	보리 보	보살 살						

8. 본생담 2 - 바라문의 딸이 되다

1) 지옥에 떨어진 어머니

이러한 죄로 고생하는 육도의 중생을 위하여 널리 방편을 베풀어

그들로 하여금 모두 해탈하게 하고 나 자신도 꼭 불도를 성취할 것이다.'라고 하였다.

그 부처님 앞에서 이러한 큰 서원을 세웠기 때문에

지금까지 백천만억 나유타인 말로는 표현할 수 없는 많은 겁을 지내도

오히려 보살이 되어 있다."

又	於	過	去	不	可	思	議	阿	僧	祇
또 우	어조사 어	지날 과	갈 거	아닐 불	가히 가	생각 사	의논할 의	언덕 아	스님 승	다만 지

劫	에	時	世	有	佛	하니	號	曰	覺	華
겁 겁		때 시	세상 세	있을 유	부처 불		이름 호	가로 왈	깨달을 각	꽃 화

定	自	在	王	如	來	러시니	彼	佛	壽	命
정할 정	스스로 자	있을 재	임금 왕	같을 여	올 래		저 피	부처 불	목숨 수	목숨 명

은	四	百	千	萬	億	阿	僧	祇	劫	이라
	넉 사	일백 백	일천 천	일만 만	억 억	언덕 아	스님 승	다만 지	겁 겁	

像	法	之	中	에	有	一	婆	羅	門	女
모양 상	법 법	어조사 지	가운데 중		있을 유	한 일	할미 파(바)	그물 라	문 문	여자 녀

하니	宿	福	이	深	厚	하여	眾	所	欽	敬
	묵을 숙	복 복		깊을 심	두터울 후		무리 중	바 소	공경할 흠	공경 경

이며	行	住	坐	臥	에	諸	天	이	衛	護
	다닐 행	살 주	앉을 좌	누울 와		모두 제	하늘 천		지킬 위	도울 호

"또 과거의 사의할 수 없는 아승지겁 때에 부처님이 계셨는데 이름을 각화정자재왕여래라 하고
그 부처님의 수명은 사백천만억 아승지겁이나 된다.
상법 가운데 한 바라문의 딸이 있어 숙세의 복이 심후하여
뭇 사람들이 공경하는 바이며 행주좌와에 제천이 호위하였다.

하더니	其	母	信	邪	하여		常	輕	三	寶	어늘
	그 기	어머니 모	믿을 신	간사할 사			항상 상	가벼울 경	석 삼	보배 보	

是	時	聖	女	廣	設	方	便	하여	勸	喩	
이 시	때 시	성인 성	여자 녀	넓을 광	베풀 설	처방 방	편할 편		권할 권	깨우칠 유	

其	母	하여	令	生	正	見	하되	而	此	女
그 기	어머니 모		하여금 영	날 생	바를 정	견해 견		말 이을 이	이 차	여자 녀

母	는	未	全	生	信	이러니	不	久	命	終
어머니 모		아닐 미	온전할 전	날 생	믿을 신		아닐 불	오랠 구	목숨 명	마칠 종

하여	魂	神	이	墮	在	無	間	地	獄	하니라
	넋 혼	신 신		떨어질 타	있을 재	없을 무	사이 간	땅 지	옥 옥	

2) 지극한 정성에 감동한 부처님

時	에	婆	羅	門	女	知	母	在	世	에
때 시		할미 파(바)	그물 라	문 문	여자 녀	알 지	어머니 모	있을 재	세상 세	

그런데 그의 어머니는 사도를 믿어 항상 삼보를 가볍게 여기었다.
이때에 그의 딸 성녀가 널리 방편을 베풀어서 그 어머니를 권유하여
그로 하여금 바른 소견이 생기게 하였지만 그 여자의 어머니는 완전한 믿음이 생기지 않더니
오래지 아니하여 목숨을 마친 뒤에 영혼이 무간지옥으로 떨어져 버렸다."

"그때 바라문의 딸은 자신의 어머니가 세상에 계실 적에

不	信	因	果	라	計	當	隨	業	하여	必
아닐 불	믿을 신	인할 인	과실 과		셀 계	마땅 당	따를 수	업 업		반드시 필
生	惡	趣	라하고	遂	賣	家	宅	하여	廣	求
날 생	악할 악	갈래 취		마침내 수	팔 매	집 가	집 택		넓을 광	구할 구
香	華	와	及	諸	供	具	하여	於	先	佛
향기 향	꽃 화		및 급	모두 제	이바지할 공	갖출 구		어조사 어	먼저 선	부처 불
塔	寺	에	大	興	供	養	이다가	見	覺	華
탑 탑	절 사		큰 대	일 흥	이바지할 공	기를 양		볼 견	깨달을 각	꽃 화
定	自	在	王	如	來	하니	其	形	像	이
정할 정	스스로 자	있을 재	임금 왕	같을 여	올 래		그 기	모양 형	모양 상	
在	一	寺	中	하되	塑	畵	威	容	이	端
있을 재	한 일	절 사	가운데 중		흙 빚을 소	그림 화	위엄 위	얼굴 용		바를 단
嚴	畢	備	어늘	時	에	婆	羅	門	女	瞻
엄할 엄	마칠 필	갖출 비		때 시		할미 파(바)	그물 라	문 문	여자 녀	볼 첨

인과를 믿지 아니했으니 마땅히 업에 따라 악취에 날 것을 짐작하여
가택을 팔아서 향과 꽃과 여러 가지 공양거리들을 널리 구하여서
과거 부처님의 탑에 크게 공양을 올렸다.
그러다가 각화정자재왕여래를 뵈오니 그 형상이 절에 계시되
불상과 탱화의 위엄스러운 얼굴이 단정하고 엄숙함을 구비하셨다.
그때 바라문의 딸이 높으신 얼굴에 우러러 예배하고

禮	尊	容	하고	倍	生	敬	仰	하여	私	自
예도 례	높을 존	얼굴 용		곱 배	날 생	공경 경	우러를 앙		사사 사	스스로 자
念	言		하되	佛	名	大	覺	이라	具	一	切
생각 념	말씀 언			부처 불	이름 명	큰 대	깨달을 각		갖출 구	한 일	온통 체
智	시니	若	在	世	時	런들	我	母	死	後
슬기 지		만약 약	있을 재	세상 세	때 시		나 아	어머니 모	죽을 사	뒤 후
에	當	來	問	佛	이면	必	知	處	所	리라하고
	마땅 당	올 래	물을 문	부처 불		반드시 필	알 지	곳 처	바 소	
時	에	婆	羅	門	女	垂	泣	良	久	하며
때 시		할미 파(바)	그물 라	문 문	여자 녀	드리울 수	울 읍	잠깐 양	오랠 구	
瞻	戀	如	來	하시더니	忽	聞	空	中	聲	曰
볼 첨	그릴 연	같을 여	올 래		갑자기 홀	들을 문	빌 공	가운데 중	소리 성	가로 왈
泣	者	聖	女	여	勿	至	悲	哀	하라	我
울 읍	사람 자	성인 성	여자 녀		말 물	지극할 지	슬플 비	슬플 애		나 아

존경하는 마음이 갑절이나 생겨서 가만히 스스로 생각하기를
'부처님의 이름은 대각이라 모든 지혜를 갖추었으니
만약 세상에 그대로 계셨더라면 내 어머니가 돌아가신 뒤에
부처님께 물었더라면 반드시 가신 곳을 알았을 것이다.'라고 하였다.
이때 바라문의 딸이 오래도록 슬피 울며 여래를 쳐다보면서 그리워하였더니
홀연히 공중에서 소리가 들려오기를 '울고 있는 자 성녀야, 너무 슬퍼하지 말아라.

今	示	汝	母	之	去	處	하리라	婆	羅	門
이제 금	보일 시	너 여	어머니 모	어조사 지	갈 거	곳 처		할미 파(바)	그물 라	문 문
女	合	掌	向	空	하며	而	白	空	曰	是
여자 녀	합할 합	손바닥 장	향할 향	빌 공		말 이을 이	아뢸 백	빌 공	가로 왈	이 시
何	神	德	이건대	寬	我	憂	慮	이니까	我	自
어찌 하	신 신	덕 덕		너그러울 관	나 아	근심 우	생각할 려		나 아	스스로 자
失	母	已	來	로	晝	夜	憶	戀	하되	無
잃을 실	어머니 모	이미 이	올 래		낮 주	밤 야	생각할 억	그릴 연		없을 무
處	可	問	知	母	生	界	하이다	時	에	空
곳 처	가히 가	물을 문	알 지	어머니 모	날 생	경계 계		때 시		빌 공
中	有	聲	하여	再	報	女	曰	我	是	汝
가운데 중	있을 유	소리 성		두 재	갚을 보	여자 녀	가로 왈	나 아	이 시	너 여
所	瞻	禮	者	의	過	去	覺	華	定	自
바 소	볼 첨	예도 례	사람 자		지날 과	갈 거	깨달을 각	꽃 화	정할 정	스스로 자

내가 지금 너의 어머니의 간 곳을 보여 주마.'라고 하였다.

바라문의 딸이 합장하고 공중을 향하여 하늘에 아뢰기를

'이 어떠한 신의 덕으로 제 걱정을 풀어 주시려 합니까? 저는 어머니가 돌아가신 뒤로

밤낮 생각하였으나 어머니의 태어나신 곳을 물을 곳이 없었습니다.'라고 하였다.

그때 공중에서 소리가 들려와 두 번째 알려 주기를

'나는 바로 네가 예배하던 과거의 각화정자재왕여래다.

在	王	如	來 러니		見	汝	憶	母	倍	於
있을 재	임금 왕	같을 여	올 래		볼 견	너 여	생각할 억	어머니 모	곱 배	어조사 어
常	情	衆	生	之	分 일새		故	來	告	示
항상 상	뜻 정	무리 중	날 생	어조사 지	나눌 분		연고 고	올 래	고할 고	보일 시
하노라	婆	羅	門	女	聞	此	聲	已	하고	擧
	할미 파(바)	그물 라	문 문	어자 녀	들을 문	이 차	소리 성	이미 이		들 거
身	自	撲 하여		支	節	皆	損 커늘		左	右
몸 신	스스로 자	칠 박		팔과다리 지	마디 절	다 개	덜 손		왼 좌	오른쪽 우
扶	侍 하니		良	久	方	穌 하여		而	白	空
도울 부	모실 시		잠깐 양	오랠 구	바야흐로 방	깨어날 소		말 이을 이	아뢸 백	빌 공
曰	願	佛	慈	愍 하사		速	說	我	母	生
가로 왈	원할 원	부처 불	사랑 자	근심할 민		빠를 속	말씀 설	나 아	어머니 모	날 생
界 하소서		我	今 에		身	心 이		將	死	不
경계 계		나 아	이제 금		몸 신	마음 심		장차 장	죽을 사	아닐 불

네가 어머니를 생각하는 정이 보통 중생의 정보다 갑절이나 됨을 보았으므로
너에게 알리는 것이다.'라고 하였다. 바라문의 딸은 이 소리를 듣자마자
너무 감동한 나머지 몸을 들어 스스로 부딪혀서 팔과 다리가 모두 상하였으므로
좌우에서 붙들어 일으키니 오랜만에 깨어나서는 공중을 향하여 아뢰었다.
'원컨대 부처님께서는 자비로써 불쌍하게 여기시어 빨리 저의 어머니가 태어난 세계를
말씀하여 주십시오. 제 지금의 심신은 오래지 않아서 죽을 것 같습니다.'

久	로소이다	時	에	覺	華	定	自	在	王	如
오랠 **구**		때 **시**		깨달을 **각**	꽃 **화**	정할 **정**	스스로 **자**	있을 **재**	임금 **왕**	같을 **여**

來	告	聖	女	曰	汝	供	養	畢	하고	但
올 **래**	고할 **고**	성인 **성**	여자 **녀**	가로 **왈**	너 **여**	이바지할 **공**	기를 **양**	마칠 **필**		다만 **단**

早	返	舍	하여	端	坐	思	惟	吾	之	名
이를 **조**	돌이킬 **반**	집 **사**		바를 **단**	앉을 **좌**	생각 **사**	생각할 **유**	나 **오**	어조사 **지**	이름 **명**

號	하면	卽	當	知	母	所	生	去	處	하리라
이름 **호**		곧 **즉**	마땅 **당**	알 **지**	어머니 **모**	바 **소**	날 **생**	갈 **거**	곳 **처**	

3) 지옥을 돌아보다

時	에	婆	羅	門	女	尋	禮	佛	已	하고
때 **시**		할미 **파(바)**	그물 **라**	문 **문**	여자 **녀**	깊을 **심**	예도 **례**	부처 **불**	이미 **이**	

卽	歸	其	舍	하여	以	憶	母	故	로	端
곧 **즉**	돌아갈 **귀**	그 **기**	집 **사**		써 **이**	생각할 **억**	어머니 **모**	연고 **고**		바를 **단**

그때 각화정자재왕여래께서 성녀에게 이르시기를
'너는 공양을 마치거든 다만 일찍이 집으로 돌아가서 단정하게 앉아 나의 명호를 생각하면
곧 너의 어머니가 태어나서 간 곳을 알게 될 것이다.'라고 하였다."

"이때 바라문의 딸은 부처님께 예배하기를 마치고
곧 그의 집으로 돌아와서 어머니를 생각하여

坐	念	覺	華	定	自	在	王	如	來	하되
앉을 좌	생각 념	깨달을 각	꽃 화	정할 정	스스로 자	있을 재	임금 왕	같을 여	올 래	

經	一	日	一	夜	러니	忽	見	自	身	이
지날 경	한 일	해 일	한 일	밤 야		갑자기 홀	볼 견	스스로 자	몸 신	

到	一	海	邊	하니	其	水	湧	沸	하고	多
이를 도	한 일	바다 해	가 변		그 기	물 수	물 솟을 용	끓을 비		많을 다

諸	惡	獸	하되	盡	復	鐵	身	으로	飛	走
모두 제	악할 악	짐승 수		다할 진	다시 부	쇠 철	몸 신		날 비	달릴 주

海	上	하여	東	西	馳	逐	커든	見	諸	男
바다 해	위 상		동녘 동	서녘 서	달릴 치	쫓을 축		볼 견	모두 제	사내 남

子	女	人	百	千	萬	數	出	沒	海	中
아들 자	여자 여	사람 인	일백 백	일천 천	일만 만	셈 수	날 출	빠질 몰	바다 해	가운데 중

타가	被	諸	惡	獸	의	爭	取	食	噉	하며
	입을 피	모두 제	악할 악	짐승 수		다툴 쟁	가질 취	먹을 식	먹을 담	

단정히 앉아 각화정자재왕여래를 생각하면서 하루 밤 하루 낮을 지냈는데,

문득 자기 몸이 한 바닷가에 이르렀다.

그 바닷물이 끓어오르고 많은 악한 짐승들이 모두 쇠로 된 몸을 하고

해상을 날아다니면서 동서로 쫓아다니고 모든 남자와 여인 백천만 명이

바다 가운데로 들어갔다가 나왔다가 하다가

온갖 악한 짐승들에게 잡아먹히는 것이 보이며,

叉	見	夜	叉	其	形	이	各	異	하되 或
또 우	볼 견	밤 야	갈래 차	그 기	모양 형		각각 각	다를 이	혹 혹
多	手	多	眼	이며	多	足	多	頭	라 口
많을 다	손 수	많을 다	눈 안		많을 다	발 족	많을 다	머리 두	입 구
牙	外	出	하되	利	刃	如	劍	하여	驅 諸
어금니 아	밖 외	날 출		날카로울 이	칼날 인	같을 여	칼 검		몰 구 / 모두 제
罪	人	하야	使	近	惡	獸	하며	復	自 搏
허물 죄	사람 인		하여금 사	가까울 근	악할 악	짐승 수		다시 부	스스로 자 / 두드릴 박
攫	하여	頭	足	相	就	커던	其	形	이 萬
움킬 확		머리 두	발 족	서로 상	좇을 취		그 기	모양 형	일만 만
類	라	不	敢	久	視	일러라	時	에	婆 羅
무리 류		아닐 불	감히 감	오랠 구	볼 시		때 시		할미 파(바) / 그물 라
門	女	는	以	念	佛	力	故	로	自 然
문 문	여자 녀		써 이	생각 염	부처 불	힘 력	연고 고		스스로 자 / 그럴 연

또한 야차가 있는데 그 모양이 각각 달라서 손이 많은 것과 눈이 많은 것과
발이 많은 것과 머리가 많은 것과 어금니가 밖으로 튀어 나와서 날카롭기가 칼날 같은 것들이
죄인들을 몰아서 악한 짐승들에게 가깝게 대어 주며
다시 스스로 치고 받아서 머리와 다리가 서로 엉키는 등
그 모양이 만 가지나 되어 감히 오래 볼 수가 없었다.
이때 바라문의 딸은 염불하는 힘 때문에 자연 두려움이 없었다.

無	懼	러니	有	一	鬼	王	하되	名	曰	無
없을 무	두려워할 구		있을 유	한 일	귀신 귀	임금 왕		이름 명	가로 왈	없을 무
毒	이라		稽	首	來	迎	하며	白	聖	女	曰
독 독			조아릴 계	머리 수	올 래	맞을 영		아뢸 백	성인 성	여자 녀	가로 왈

毒	이라		稽	首	來	迎	하며	白	聖	女	曰
독 독			조아릴 계	머리 수	올 래	맞을 영		아뢸 백	성인 성	여자 녀	가로 왈

善	哉	라	菩	薩	은	何	緣	으로	來	此
착할 선	어조사 재		보리 보	보살 살		어찌 하	인연 연		올 내	이 차

이니까	時	에	婆	羅	門	女	問	鬼	王	曰
	때 시		할미 파(바)	그물 라	문 문	여자 녀	물을 문	귀신 귀	임금 왕	가로 왈

此	是	何	處	이니까	無	毒	이	答	曰	此
이 차	이 시	어찌 하	곳 처		없을 무	독 독		대답 답	가로 왈	이 차

是	大	鐵	圍	山	西	面	第	一	重	海
이 시	큰 대	쇠 철	둘레 위	뫼 산	서녘 서	방면 면	차례 제	한 일	무거울 중	바다 해

니라	聖	女	問	曰	我	聞	鐵	圍	之	內
	성인 성	여자 녀	물을 문	가로 왈	나 아	들을 문	쇠 철	둘레 위	어조사 지	안 내

한 귀왕이 있어 이름을 무독이라 불렀는데
머리를 조아리며 와서 성녀를 영접하면서 말하였다.
'착하신 보살이시여, 어떠한 연유로 이곳에 오셨습니까?'
이때 바라문의 딸이 귀왕에게 물었다. '이곳은 어디입니까?'
무독이 대답하였다. '이곳은 대철위산의 서쪽에 있는 첫째 바다입니다.'
성녀가 물었다. '내가 들으니 철위산 안에

에	地	獄	在	中	이라더니	是	事	實	不	이니까
	땅 지	옥 옥	있을 재	가운데 중		이 시	일 사	진실로 실	아닐 부	

無	毒	이	答	曰	實	有	地	獄	이니라	聖
없을 무	독 독		대답 답	가로 왈	진실로 실	있을 유	땅 지	옥 옥		성인 성

女	問	曰	我	今	云	何	로	得	到	獄
여자 녀	물을 문	가로 왈	나 아	이제 금	이를 운	어찌 하		얻을 득	이를 도	옥 옥

所	이니까	無	毒	이	答	曰	若	非	威	神
곳 소		없을 무	독 독		대답 답	가로 왈	만약 약	아닐 비	위엄 위	신통할 신

이면	卽	須	業	力	이러니	非	此	二	事	면
	곧 즉	틀림없이 수	업 업	힘 력		아닐 비	이 차	두 이	일 사	

終	不	能	到	니다
마칠 종	아닐 불	능할 능	이를 도	

4) 업에 의하여 느끼는 지옥

지옥이 있다고 하는데 그것이 사실입니까?'
무독이 대답하였다. '실제로 지옥이 있습니다.'
성녀가 물었다. '내가 지금 어찌하여 지옥이 있는 곳에 오게 되었습니까?'
무독이 대답하였다. '만약 위신력이 아니면 곧 업력일 것입니다.
이 두 가지가 아니면 끝내 이곳에는 오지 못할 것입니다.'"

聖	女	又	問	하되	此	水	는		何	緣	으로
성인 성	여자 녀	또 우	물을 문		이 차	물 수			어찌 하	인연 연	

而	乃	湧	沸	하며	多	諸	罪	人	과		及
말 이을 이	이에 내	물 솟을 용	끓을 비		많을 다	모두 제	허물 죄	사람 인			및 급

以	惡	獸	이니까	無	毒	이		答	曰	此	是
써 이	악할 악	짐승 수		없을 무	독 독			대답 답	가로 왈	이 차	이 시

閻	浮	提	造	惡	衆	生	의		新	死	之
마을 염	뜰 부	끌 제	지을 조	악할 악	무리 중	날 생			처음 신	죽을 사	어조사 지

者	로	經	四	十	九	日	하되		無	人	繼
것 자		지날 경	넉 사	열 십	아홉 구	날 일			없을 무	사람 인	이을 계

嗣	爲	作	功	德	하여	救	拔	苦	難	하며	
자손 사	할 위	지을 작	공 공	덕 덕		구할 구	뽑을 발	괴로울 고	어려울 난		

生	時	에	又	無	善	因	일새		當	據	本
날 생	때 시		또 우	없을 무	착할 선	인할 인			마땅 당	근거 거	근본 본

"성녀가 또 물었다.
'이 물은 무슨 연유로 끓어오르며 어찌하여 죄인과 악한 짐승들이 많습니까?'
무독이 대답하였다.
'이들은 염부제에서 악을 지은 중생들로서 죽은 뒤 사십구 일이 지나도록
그 자식이 망자를 위해 공덕을 지어서 고난으로부터 구제해 줄 사람이 없으며,
살았을 때 또한 선한 인연이 없으므로 마땅히 본래의 업을 감수함에 따라 지옥으로 가는데

業	所	感	地	獄	하여	自	然	先	渡	此
업 업	바 소	느낄 감	땅 지	옥 옥		스스로 자	그럴 연	먼저 선	건널 도	이 차
海	하며	海	東	十	萬	由	旬	에	又	有
바다 해		바다 해	동녘 동	열 십	일만 만	말미암을 유	열흘 순		또 우	있을 유
一	海	하되	其	苦	倍	此	하고	彼	海	之
한 일	바다 해		그 기	괴로울 고	곱 배	이 차		저 피	바다 해	어조사 지
東	에	又	有	一	海	하되	其	苦	復	倍
동녘 동		또 우	있을 유	한 일	바다 해		그 기	괴로울 고	다시 부	곱 배
라	三	業	惡	因	之	所	招	感	일새	共
	석 삼	업 업	악할 악	인할 인	어조사 지	바 소	부를 초	느낄 감		함께 공
號	業	海	니	其	處	是	也	니다		
이름 호	업 업	바다 해		그 기	곳 처	이 시	어조사 야			

5) 어머니의 과거

자연히 이 바다를 건너야 합니다.
바다 동쪽으로 십만 유순을 지나면 또 하나의 바다가 있는데
그곳의 고통은 이곳보다 갑절이나 되며
그 바다의 동쪽에 또 하나의 바다가 있는데 그곳의 고통은 다시 곱절이 됩니다.
삼업으로 지은 악한 업이 불러와서 감수하는 것이므로
모두 '업의 바다'라고 하는데 여기가 바로 그곳입니다.' "

聖	女	又	問	鬼	王	無	毒	曰	地	獄
성인 **성**	여자 **녀**	또 **우**	물을 **문**	귀신 **귀**	임금 **왕**	없을 **무**	독 **독**	가로 **왈**	땅 **지**	옥 **옥**
은	何	在	이니까	無	毒	이	答	曰	三	海
	어찌 **하**	있을 **재**		없을 **무**	독 **독**		대답 **답**	가로 **왈**	석 **삼**	바다 **해**
之	内	是	大	地	獄	이라	其	數	百	千
어조사 **지**	안 **내**	이 **시**	큰 **대**	땅 **지**	옥 **옥**		그 **기**	셈 **수**	일백 **백**	일천 **천**
이로되	各	各	差	別	하니	所	謂	大	者	는
	각각 **각**	각각 **각**	다를 **차**	다를 **별**		바 **소**	이를 **위**	큰 **대**	것 **자**	
具	有	十	八	하고	此	有	五	百	하되	苦
갖출 **구**	있을 **유**	열 **십**	여덟 **팔**		이 **차**	있을 **유**	다섯 **오**	일백 **백**		괴로울 **고**
毒	이	無	量	이며	此	有	千	百	하되	亦
독 **독**		없을 **무**	헤아릴 **량**		이 **차**	있을 **유**	일천 **천**	일백 **백**		또 **역**
無	量	苦	이니다	聖	女	又	問	大	鬼	王
없을 **무**	헤아릴 **량**	괴로울 **고**		성인 **성**	여자 **녀**	또 **우**	물을 **문**	큰 **대**	귀신 **귀**	임금 **왕**

"성녀가 또 귀왕 무독에게 물었다. '지옥은 어디에 있습니까?'
무독이 대답하였다.
'세 바다 안이 바로 대지옥이며 그 수는 백천이고 각각 차별이 있는데
그 중에서 크다고 하는 것이 모두 십팔 개이며 다음이 오백 개로 그 고통과 독은 헤아릴 수 없으며
다음이 천백 개로 또한 한량없는 고통이 있습니다.'
성녀가 또 대귀왕에게 물었다.

曰	我	母	死	來	未	久	이오니	不	知	커이다
가로 왈	나 아	어머니 모	죽을 사	올 래	아닐 미	오랠 구		아닐 부	알 지	
魂	神	이	當	至	何	趣	이니까	鬼	王	이
넋 혼	신 신		마땅 당	이를 지	어찌 하	갈래 취		귀신 귀	임금 왕	
問	聖	女	曰	菩	薩	之	母	는	在	生
물을 문	성인 성	여자 녀	가로 왈	보리 보	보살 살	어조사 지	어머니 모		있을 재	날 생
에	習	何	行	業	입니까	聖	女	答	曰	我
	익힐 습	어찌 하	행할 행	업 업		성인 성	여자 녀	대답 답	가로 왈	나 아
母	邪	見	하여	譏	毀	三	寶	하며	設	或
어머니 모	간사할 사	견해 견		비웃을 기	헐 훼	석 삼	보배 보		가령 설	혹 혹
暫	信	하여도	旋	又	不	敬	하더니	死	雖	日
잠시 잠	믿을 신		돌 선	또 우	아닐 불	공경 경		죽을 사	비록 수	날 일
淺	이나	未	知	何	處	니다	無	毒	이	問
얕을 천		아닐 미	알 지	어찌 하	곳 처		없을 무	독 독		물을 문

'내 어머니가 죽어서 온 지 오래지 않은데 혼신이 어느 곳으로 갔는지 알지 못합니다.'
귀왕이 성녀에게 물었다. '보살님의 어머니가 살아 계실 때 어떠한 행업을 익혔습니까?'
성녀가 대답하였다. '내 어머니는 삿된 소견으로 삼보를 놀리고 훼방했습니다.
설혹 잠시 믿는 척하다가도 곧 또한 불경을 저지르곤 했으니
죽은 지 아직 얼마 되지 않지만 어느 곳에 있는지 알지 못합니다.'
무독이 물었다.

日	菩	薩	之	母	는		姓	氏	何	等	입니까
가로 왈	보리 보	보살 살	어조사 지	어머니 모			성 성	성씨 씨	어찌 하	무리 등	

聖	女	答	日	我	父	我	母	는		俱	婆
성인 성	여자 녀	대답 답	가로 왈	나 아	아버지 부	나 아	어머니 모			함께 구	할미 파(바)

羅	門	種	이니	父	號	는		尸	羅	善	見
그물 라	문 문	종자 종		아버지 부	이름 호			주검 시	그물 라	착할 선	볼 견

이요	母	號	는	悅	帝	利	입니다
	어머니 모	이름 호		기쁠 열	임금 제	이로울 리	

6) 어머니가 천상에 나다

無	毒	이	合	掌	하고		啓	菩	薩	日	願
없을 무	독 독		합할 합	손바닥 장			사뢸 계	보리 보	보살 살	가로 왈	원할 원

聖	者	는	却	返	本	處	하사		無	至	憂
성인 성	사람 자		물러날 각	돌이킬 반	근본 본	곳 처			없을 무	지극할 지	근심 우

'보살님의 어머니 성씨가 무엇입니까?'
성녀가 대답하였다. '내 아버지와 내 어머니 모두가 바라문 종족인데
아버지는 시라선견이라 하고 어머니는 열제리라 합니다.'"

"무독이 합장하고 보살께 여쭈어 말하였다.
'원컨대 성자께서는 돌아가시고 너무 근심하거나 슬퍼하지 마십시오.

憶	悲	戀	하소서	悅	帝	利	罪	女	生	天
생각할억	슬플비	그릴연		기쁠열	임금제	이로울리	허물죄	여자녀	날생	하늘천
以	來	로	經	今	三	日	이니다	云	承	孝
써이	올래		지날경	이제금	석삼	날일		이를운	이을승	효도효
順	之	子	爲	母	하여	設	供	修	福	하되
순할순	어조사지	아들자	위할위	어머니모		베풀설	이바지할공	닦을수	복복	
布	施	覺	華	定	自	在	王	如	來	塔
보시보	베풀시	깨달을각	꽃화	정할정	스스로자	있을재	임금왕	같을여	올래	탑탑
寺	하니	非	唯	菩	薩	之	母	得	脫	地
절사		아닐비	오직유	보리보	보살살	어조사지	어머니모	얻을득	벗을탈	땅지
獄	이라	應	是	無	間	에	此	日	罪	人
옥옥		응당응	이시	없을무	사이간		이차	날일	허물죄	사람인
은	悉	得	受	樂	하여	俱	同	生	訖	이니다
	다실	얻을득	받을수	즐길락		함께구	한가지동	날생	이를흘	

열제리 죄녀가 천상에 태어난 지 지금 삼 일이 지났습니다.
효순한 자식이 어머니를 위해 공양을 베풀어 복을 닦아
각화정자재왕여래의 탑사에 보시했으니
다만 보살의 어머니만 지옥에서 벗어난 것이 아니라
무간지옥에 있던 죄인들이 이날 모두 즐거움을 얻고
함께 천상에 태어났습니다.'라고 하였다."

7) 서원을 세우다

鬼	王	이	言	畢	에	合	掌	而	退	커늘
귀신 귀	임금 왕		말씀 언	마칠 필		합할 합	손바닥 장	말 이을 이	물러날 퇴	

婆	羅	門	女	尋	如	夢	歸	하여	悟	此
할미 파(바)	그물 라	문 문	여자 녀	이윽고 심	같을 여	꿈 몽	돌아갈 귀		깨달을 오	이 차

事	已	하고	便	於	覺	華	定	自	在	王
일 사	이미 이		곧 변	어조사 어	깨달을 각	꽃 화	정할 정	스스로 자	있을 재	임금 왕

如	來	塔	像	之	前	에	立	弘	誓	願
같을 여	올 래	탑 탑	모양 상	어조사 지	앞 전		설 입	클 홍	맹세할 서	원할 원

하되	願	我	盡	未	來	劫	토록	應	有	罪
	원할 원	나 아	다할 진	아닐 미	올 래	겁 겁		응당 응	있을 유	허물 죄

苦	衆	生	을	廣	設	方	便	하여	使	令
괴로울 고	무리 중	날 생		넓을 광	베풀 설	처방 방	편할 편		하여금 사	하여금 영

"귀왕이 말을 마치자 합장하고 물러나니 바라문의 딸은 곧 꿈같이 돌아와서
이러한 일을 깨닫고 문득 각화정자재왕여래의 탑 앞에서 큰 서원을 세우기를
'원컨대 저는 미래겁이 다하도록 죄고가 있는 중생을 위하여 널리 방편을 베풀고
그들로 하여금 해탈하게 할 것입니다.'라고 하였다.

解	脫	케하리다 하니라	佛	告	文	殊	師	利	하시되	時
풀 해	벗을 탈		부처 불	고할 고	글월 문	다를 수	스승 사	이로울 리		때 시

鬼	王	無	毒	者	는	當	今	財	首	菩
귀신 귀	임금 왕	없을 무	독 독	사람 자		당할 당	이제 금	재물 재	머리 수	보리 보

薩	이	是	요	婆	羅	門	女	者	는	卽
보살 살		이 시		할미 파(바)	그물 라	문 문	여자 녀	사람 자		곧 즉

地	藏	菩	薩	이	是	니라				
땅 지	감출 장	보리 보	보살 살		이 시					

부처님께서 문수사리에게 이르셨다.
'그때의 귀왕 무독은 지금의 재수보살이요,
그때의 바라문의 딸은 곧 지금의 지장보살이니라.'"

第	二		分	身	集	會	品			
차례 제	두 이		나눌 분	몸 신	모을 집	모일 회	가지 품			

1. 분신들이 모이다

爾	時	에	百	千	萬	億	不	可	思	不
너 이	때 시		일백 백	일천 천	일만 만	억 억	아닐 불	가히 가	생각 사	아닐 불
可	議	不	可	量	不	可	說	無	量	阿
가히 가	의논할 의	아닐 불	가히 가	헤아릴 량	아닐 불	가히 가	말씀 설	없을 무	헤아릴 량	언덕 아
僧	祇	世	界	所	有	地	獄	處	에	分
스님 승	다만 지	세상 세	경계 계	바 소	있을 유	땅 지	옥 옥	곳 처		나눌 분
身	地	藏	菩	薩	이	俱	來	集	在	忉
몸 신	땅 지	감출 장	보리 보	보살 살		함께 구	올 래	모을 집	있을 재	근심할 도
利	天	宮	이러시니	以	如	來	神	力	故	로
이로울 리	하늘 천	집 궁		써 이	같을 여	올 래	신통할 신	힘 력	연고 고	

제2. 분신들을 모으다
그때 백천만억이나 되는 생각할 수도 없고 의논할 수도 없으며

헤아릴 수도 없고 말로 표현할 수도 없는 무량 아승지 세계의 지옥에

몸을 나누어 계신 지장보살이 함께 도리천궁에 모였으며, 여래의 신력으로

各	以	方	面 에		與	諸	得	解	脫 하여
각각 **각**	써 **이**	방위 **방**	방면 **면**		더불어 **여**	모두 **제**	얻을 **득**	풀 **해**	벗을 **탈**
從	業	道	出	者	亦	各	有	千	萬	億
좇을 **종**	업 **업**	길 **도**	날 **출**	사람 **자**	또 **역**	각각 **각**	있을 **유**	일천 **천**	일만 **만**	억 **억**
那	由	他	數 라		共	持	香	華 하여		來
어찌 **나**	말미암을 **유**	다를 **타**	셈 **수**		함께 **공**	가질 **지**	향기 **향**	꽃 **화**		올 **내**
供	養	佛 하시옵더니		彼	諸	同	來	等	輩 는
이바지할 **공**	기를 **양**	부처 **불**		저 **피**	모두 **제**	한가지 **동**	올 **래**	무리 **등**	무리 **배**
皆	因	地	藏	菩	薩	敎	化 하시어		永	不
다 **개**	인할 **인**	땅 **지**	감출 **장**	보리 **보**	보살 **살**	가르칠 **교**	될 **화**		길 **영**	아닐 **불**
退	轉	於	阿	耨	多	羅	三	藐	三	菩
물러날 **퇴**	구를 **전**	어조사 **어**	언덕 **아**	김맬 **누(녹)**	많을 **다**	그물 **라**	석 **삼**	아득할 **막(먁)**	석 **삼**	보리 **보**
提 라		是	諸	衆	等 이		久	遠	劫	來
끝 **제(리)**		이 **시**	모두 **제**	무리 **중**	무리 **등**		오랠 **구**	멀 **원**	겁 **겁**	올 **래**

각각 그곳에서 모두 해탈을 얻어서 업도로부터 벗어난 자 또한 각각 천만억 나유타 수가 있었다.
모두 향기 나는 꽃을 가지고 와서 부처님께 공양을 드리니
저 모든 이들도 다 지장보살의 교화로 인하여
영원히 아뇩다라삼먁삼보리에서 물러서지 아니하였다.
이러한 모든 이들은 구원겁에서부터 생사에 유랑하면서

로	流	浪	生	死	하여	六	道	受	苦	에
	흐를 유	물결 랑	날 생	죽을 사		여섯 육	길 도	받을 수	괴로울 고	
暫	無	休	息		이라가	以	地	藏	菩	薩	의
잠시 잠	없을 무	쉴 휴	쉴 식			써 이	땅 지	감출 장	보리 보	보살 살	
廣	大	慈	悲	深	誓	願	故	로		各	獲
넓을 광	큰 대	사랑 자	슬플 비	깊을 심	맹세할 서	원할 원	연고 고			각각 각	얻을 획
果	證	이라	旣	至	忉	利	하여	心	懷	踊
과실 과	깨달을 증		이미 기	이를 지	근심할 도	이로울 리		마음 심	품을 회	뛸 용
躍	하여	瞻	仰	如	來	하여	目	不	暫	捨
뛸 약		볼 첨	우러를 앙	같을 여	올 래		눈 목	아닐 부	잠시 잠	버릴 사
러니										

2. 부처님의 분신교화

육도에서 받는 고통이 잠시도 그침이 없다가
지장보살의 넓고 큰 자비와 깊은 서원 때문에 각각 높은 깨달음을 얻게 되었는데
이미 도리천에 이르러서는 마음속에 뛸 듯한 기쁨을 품고
여래를 우러러 눈을 잠시도 떼지 않았다.

爾	時	에	世	尊	이	舒	金	色	臂	하시어
너 이	때 시		세상 세	높을 존		펼 서	쇠 금	빛 색	팔 비	
摩	百	千	萬	億	不	可	思	不	可	議
갈 마	일백 백	일천 천	일만 만	억 억	아닐 불	가히 가	생각 사	아닐 불	가히 가	의논할 의
不	可	量	不	可	說	無	量	阿	僧	祇
아닐 불	가히 가	헤아릴 량	아닐 불	가히 가	말씀 설	없을 무	헤아릴 량	언덕 아	스님 승	다만 지
世	界	諸	分	身	地	藏	菩	薩	摩	訶
세상 세	경계 계	모두 제	나눌 분	몸 신	땅 지	감출 장	보리 보	보살 살	갈 마	꾸짖을 하
薩	頂	하시고	而	作	是	言	하시되	吾	於	五
보살 살	정수리 정		말 이을 이	지을 작	이 시	말씀 언		나 오	어조사 어	다섯 오
濁	惡	世	에	教	化	如	是	剛	强	衆
흐릴 탁	악할 악	세상 세		가르칠 교	될 화	같을 여	이 시	굳셀 강	강할 강	무리 중
生	하여	令	心	調	伏	하여	捨	邪	歸	正
날 생		하여금 영	마음 심	고를 조	엎드릴 복		버릴 사	간사할 사	돌아갈 귀	바를 정

그때에 세존께서는 금색 팔을 펴서 백천만억의 생각할 수도 없고 의논할 수도 없으며

헤아릴 수도 없고 말로도 표현할 수 없는 무량 아승지 세계의

모든 분신 지장보살마하살의 이마를 만지시면서 이렇게 말씀하셨다.

"나는 오탁악세에서 이와 같은 강강한 중생을 교화하여

그들로 하여금 마음을 조복하여 삿됨을 버리고 바른 곳으로 돌아가게 하였으나

하되	十	有	一	二	는		尚	在	惡	習	일새
	열 십	있을 유	한 일	두 이			아직 상	있을 재	악할 악	익힐 습	
吾	亦	分	身	千	百	億	하여	廣	設	方	
나 오	또 역	나눌 분	몸 신	일천 천	일백 백	억 억		넓을 광	베풀 설	처방 방	
便	하나라	或	有	利	根	은		聞	卽	信	受
편할 편		혹 혹	있을 유	날카로울 이	뿌리 근			들을 문	곧 즉	믿을 신	받을 수
하고		或	有	善	果	는		勤	勸	成	就	하며
		혹 혹	있을 유	착할 선	과실 과			부지런할 근	권할 권	이룰 성	나아갈 취	
或	有	暗	鈍	은		久	化	方	歸	하고	或
혹 혹	있을 유	어두울 암	무딜 둔			오랠 구	될 화	바야흐로 방	돌아갈 귀		혹 혹
有	業	重	은		不	生	敬	仰	이라	如	是
있을 유	업 업	무거울 중			아닐 불	날 생	공경 경	우러를 앙		같을 여	이 시
等	輩	衆	生	이		各	各	差	別	일새	分
무리 등	무리 배	무리 중	날 생			각각 각	각각 각	다를 차	다를 별		나눌 분

열에 하나나 둘은 아직도 악한 습관이 남아 있구나.

나 또한 몸을 천백억으로 나누어 널리 방편을 베푸노라.

혹 영리한 근기는 들으면 곧 믿으며, 혹 선량한 이는 부지런히 권하여 성취시킬 것이며,

혹 암둔한 자는 오래 교화해야 그때에 가서 귀의할 것이며,

혹 업이 중한 자는 존경하는 마음을 내지 않을 것이다.

이와 같은 모든 중생은 각각 차별이 있으므로 몸을 나누어 제도할 것이다.

身	度	脱	하되	或	現	男	子	身	하며	或
몸 신	법도 도	벗을 탈		혹 혹	나타날 현	사내 남	아들 자	몸 신		혹 혹
現	女	人	身	하며	或	現	天	龍	身	하며
나타날 현	여자 여	사람 인	몸 신		혹 혹	나타날 현	하늘 천	용 룡	몸 신	
或	現	神	鬼	身	하며	或	現	山	林	川
혹 혹	나타날 현	신 신	귀신 귀	몸 신		혹 혹	나타날 현	뫼 산	수풀 림	내 천
源	과	河	池	泉	井	하여	利	及	於	人
근원 원		물 하	못 지	샘 천	우물 정		이로울 이	미칠 급	어조사 어	사람 인
하여	悉	皆	度	脱	하며	或	現	帝	釋	身
	다 실	다 개	법도 도	벗을 탈		혹 혹	나타날 현	임금 제	풀 석	몸 신
하며	或	現	梵	王	身	하며	或	現	轉	輪
	혹 혹	나타날 현	하늘 범	임금 왕	몸 신		혹 혹	나타날 현	구를 전	바퀴 륜
王	身	하며	或	現	居	士	身	하며	或	現
임금 왕	몸 신		혹 혹	나타날 현	살 거	선비 사	몸 신		혹 혹	나타날 현

혹은 남자의 몸으로 나타나며, 혹은 여인의 몸으로 나타나며, 혹은 천룡의 몸으로 나타나며,
혹은 귀신의 몸으로 나타나며, 혹은 산림과 하천과 냇물이나 못이나 샘과 우물로 나타나서
이로움을 사람들에게 미치게 하여 제도할 것이며,
혹은 제석의 몸으로 나타나며, 혹은 범왕의 몸으로 나타나며,
혹은 전륜왕의 몸으로 나타나며, 혹은 거사의 몸으로 나타나며,

國	王	身	하며	或	現	宰	輔	身	하며	或
나라 국	임금 왕	몸 신		혹 혹	나타날 현	재상 재	도울 보	몸 신		혹 혹
現	官	屬	身	하며	或	現	比	丘	比	丘
나타날 현	벼슬 관	무리 속	몸 신		혹 혹	나타날 현	견줄 비	언덕 구	견줄 비	언덕 구
尼	優	婆	塞	優	婆	夷	身	과	乃	至
여승 니	넉넉할 우	할미 파(바)	변방 새	넉넉할 우	할미 파(바)	오랑캐 이	몸 신		이에 내	이를 지
聲	聞	羅	漢	辟	支	佛	菩	薩	等	身
소리 성	들을 문	그물 나	한나라 한	임금 벽	지탱할 지	부처 불	보리 보	보살 살	무리 등	몸 신
하여	而	以	化	度	하노니	非	但	佛	身	으로
	말 이을 이	써 이	될 화	법도 도		아닐 비	다만 단	부처 불	몸 신	
獨	現	其	身	이니라						
홀로 독	나타날 현	그 기	몸 신							

3. 부처님의 부촉

혹은 국왕의 몸으로 나타나며, 혹은 재상의 몸으로 나타나며, 혹은 관리의 몸으로 나타나며,
혹은 비구와 비구니와 우바새와 우바이의 몸과
내지 성문과 나한과 벽지불과 보살 등의 몸으로 나타나서 교화하고 제도할 것이다.
단지 부처님의 몸으로만 그 몸을 나타내는 것은 아니다."

汝	觀	吾	累	劫	에		勤	苦	度	脫	如
너 여	볼 관	나 오	여러 누	겁 겁			부지런할 근	괴로울 고	법도 도	벗을 탈	같을 여
是	等	難	化	剛	强	한		罪	苦	衆	生
이 시	무리 등	어려울 난	될 화	굳셀 강	강할 강			허물 죄	괴로울 고	무리 중	날 생
하라	其	有	未	調	伏	者	隨	業	報	應	
	그 기	있을 유	아닐 미	고를 조	엎드릴 복	사람 자	따를 수	업 업	갚을 보	응할 응	
하여	若	墮	惡	趣	하여	受	大	苦	時	어든	
	만약 약	떨어질 타	악할 악	갈래 취		받을 수	큰 대	괴로울 고	때 시		
汝	當	憶	念	吾	在	忉	利	天	宮	하여	
너 여	마땅 당	생각할 억	생각 념	나 오	있을 재	근심할 도	이로울 리	하늘 천	집 궁		
慇	懃	付	囑	하여	令	娑	婆	世	界	로	
은근할 은	은근할 근	줄 부	부탁할 촉		하여금 영	춤출 사	할미 파(바)	세상 세	경계 계		
至	彌	勒	出	世	已	來	衆	生	이		悉
이를 지	두루 미	굴레 륵	날 출	세상 세	이미 이	올 래	무리 중	날 생			다 실

"그대가 나의 오랜 세월 동안 부지런히 고생하면서

이와 같이 교화하기 어려운 강하고 굳센 죄고 중생을 도탈시킨 것을 보아라.

그래도 조복되지 못한 자가 있어 죄고에 따라 과보를 받게 되는데

만약 악취에 떨어져서 큰 고통을 받을 때에는

너는 마땅히 내가 도리천궁에서 간곡히 부촉하던 것을 생각해서

사바세계로 하여금 미륵불이 출세할 때까지의 중생을 모두 해탈시켜서

使	解	脫	하여	永	離	諸	苦	하고		遇	佛
하여금 사	풀 해	벗을 탈		길 영	떠날 리	모두 제	괴로울 고			만날 우	부처 불
授	記	케하라	爾	時	에	諸	世	界	化	身	
줄 수	기록할 기		너 이	때 시		모두 제	세상 세	경계 계	될 화	몸 신	
地	藏	菩	薩	이	共	復	一	形	하여		涕
땅 지	감출 장	보리 보	보살 살		한가지 공	회복할 복	한 일	모양 형			눈물 체
淚	哀	戀	하여	而	白	佛	言	하되		我	從
눈물 루	슬플 애	그릴 연		말 이을 이	아뢸 백	부처 불	말씀 언			나 아	좇을 종
久	遠	劫	來	로	蒙	佛	接	引	하여		使
오랠 구	멀 원	겁 겁	올 래		입을 몽	부처 불	이을 접	끌 인			하여금 사
獲	不	可	思	議	神	力	하여		具	大	智
얻을 획	아닐 불	가히 가	생각 사	의논할 의	신통할 신	힘 력			갖출 구	큰 대	슬기 지
慧	일새	我	所	分	身	이	遍	滿	百	千	
슬기로울 혜		나 아	바 소	나눌 분	몸 신		두루 변	찰 만	일백 백	일천 천	

영원히 모든 고통에서 벗어나게 하고 부처님의 수기를 받도록 하라."

그때에 여러 세계에 화신했던 지장보살이 다시 하나의 형상으로 돌아와서

슬픈 생각으로 눈물을 흘리면서 부처님께 아뢰기를

"저는 구원겁으로부터 지금까지 부처님께서 이끌어 주시어

불가사의한 신력을 얻고 큰 지혜를 갖추었으므로

저의 분신이 백천만억의 항하사 세계에 가득합니다.

萬	億	恒	河	沙	世	界	하여	每	一	世
일만 만	억 억	항상 항	물 하	모래 사	세상 세	경계 계		매양 매	한 일	세상 세
界	에	化	百	千	萬	億	身	하고	每	一
경계 계		될 화	일백 백	일천 천	일만 만	억 억	몸 신		매양 매	한 일
化	身	에	度	百	千	萬	億	人	하여	令
될 화	몸 신		법도 도	일백 백	일천 천	일만 만	억 억	사람 인		하여금 영
歸	敬	三	寶	하며	永	離	生	死	하여	至
돌아갈 귀	공경 경	석 삼	보배 보		길 영	떠날 리	날 생	죽을 사		이를 지
涅	槃	樂	케하되	但	於	佛	法	中	所	爲
개흙 열	쟁반 반	즐길 락		다만 단	어조사 어	부처 불	법 법	가운데 중	바 소	할 위
善	事	에	一	毛	一	滴	이며	一	沙	一
착할 선	일 사		한 일	털 모	한 일	물방울 적		한 일	모래 사	한 일
塵	이며	或	毫	髮	許	라도	我	漸	度	脫
티끌 진		혹 혹	터럭 호	터럭 발	허락할 허		나 아	점점 점	법도 도	벗을 탈

한 세계마다 백천만억의 몸으로 화하여 한 화신마다 백천만억의 사람을 제도하여
그들로 하여금 삼보에 귀의하여 공경하게 합니다.
그리고 영원히 생사를 여의고 열반의 즐거움에 이르게 하되
다만 불법 가운데서 선한 일을 한 것은 터럭 한 개, 물 한 방울, 모래 한 알, 티끌 한 개와
털끝만 한 것이라 하더라도 제가 점차 제도하여

하여	使	獲	大	利	케하리니	唯	願	世	尊	하
	하여금 사	얻을 획	큰 대	이로울 리		오직 유	원할 원	세상 세	높을 존	
不	以	後	世	惡	業	衆	生	으로	爲	慮
아닐 불	써 이	뒤 후	세상 세	악할 악	업 업	무리 중	날 생		할 위	생각할 려
하소서	如	是	三	白	佛	言	하되	唯	願	世
	같을 여	이 시	석 삼	아뢸 백	부처 불	말씀 언		오직 유	원할 원	세상 세
尊	하	不	以	後	世	惡	業	衆	生	으로
높을 존		아닐 불	써 이	뒤 후	세상 세	악할 악	업 업	무리 중	날 생	
爲	慮	하소서	爾	時	에	佛	이	讚	地	藏
할 위	생각할 려		너 이	때 시		부처 불		기릴 찬	땅 지	감출 장
菩	薩	言	하시되	善	哉	善	哉	라	吾	助
보리 보	보살 살	말씀 언		착할 선	어조사 재	착할 선	어조사 재		나 오	도울 조
汝	喜	하노라	汝	能	成	就	久	遠	劫	來
너 여	기쁠 희		너 여	능할 능	이룰 성	나아갈 취	오랠 구	멀 원	겁 겁	올 래

그들로 하여금 큰 이로움을 얻도록 할 것입니다.

다만 바라건대 세존께서는 후세에 악업을 짓는 중생들에 대해서는 심려하지 마십시오."

하고 이와 같이 세 번이나 부처님께 말씀드렸다.

"오직 원컨대 세존께서는 후세에 악업을 짓는 중생에 대해서는 심려하지 마십시오." 라고 하자

그때 부처님께서는 지장보살을 칭찬하여 말씀하시기를

"선하구나, 선하구나. 내 그대를 도와 기쁘게 하리니 그대는 능히 구원겁으로부터

로	發	弘	誓	願	하여	廣	度	將	畢	하고
	필 **발**	클 **홍**	맹세할 **서**	원할 **원**		넓을 **광**	법도 **도**	장차 **장**	마칠 **필**	
卽	證	菩	提		케하라					
곧 **즉**	깨달을 **증**	보리 **보**	끝 **제(리)**							

큰 서원을 발한 것을 성취하고
널리 제도함을 마친 뒤에 곧 보리를 증득하리라."고 하시었다.

第	三		觀	衆	生	業	緣	品	
차례 제	석 삼		볼 관	무리 중	날 생	업 업	인연 연	가지 품	

1. 마야부인의 물음

爾	時	에	佛	母	摩	耶	夫	人	이	恭
너 이	때 시		부처 불	어머니 모	갈 마	어조사 야	지아비 부	사람 인		공손할 공

敬	合	掌	하사	問	地	藏	菩	薩	言	하시되
공경 경	합할 합	손바닥 장		물을 문	땅 지	감출 장	보리 보	보살 살	말씀 언	

聖	者	여	閻	浮	衆	生	의	造	業	差
성인 성	사람 자		마을 염	뜰 부	무리 중	날 생		지을 조	업 업	다를 차

別	과	所	受	報	應	은	其	事	云	何
다를 별		바 소	받을 수	갚을 보	응할 응		그 기	일 사	이를 운	어찌 하

닛고	地	藏	이	答	言	하시되	千	萬	世	界
	땅 지	감출 장		대답 답	말씀 언		일천 천	일만 만	세상 세	경계 계

제3. 중생들의 업의 인연을 관찰하다

그때에 부처님의 어머니 마야부인이 공경 합장하고 지장보살께 묻기를

"성자시여, 염부제 중생이 짓는 업의 차별과 받는 과보는 어떠한 것입니까."라고 하였다.

지장보살이 대답하기를 "천만 개의 세계와 국토에는

와	乃	及	國	土	에	或	有	地	獄	하며
	이에 내	및 급	나라 국	흙 토		혹 혹	있을 유	땅 지	옥 옥	
或	無	地	獄	하며	或	有	女	人	하며	或
혹 혹	없을 무	땅 지	옥 옥		혹 혹	있을 유	여자 여	사람 인		혹 혹
無	女	人	하며	或	有	佛	法	하며	或	無
없을 무	여자 여	사람 인		혹 혹	있을 유	부처 불	법 법		혹 혹	없을 무
佛	法	하며	乃	至	聲	聞	辟	支	佛	도
부처 불	법 법		이에 내	이를 지	소리 성	들을 문	임금 벽	지탱할 지	부처 불	
亦	復	如	是	하니	非	但	地	獄	罪	報
또 역	다시 부	같을 여	이 시		아닐 비	다만 단	땅 지	옥 옥	허물 죄	갚을 보
一	等	이니다								
한 일	같을 등									

2. 죄보의 내용

혹은 지옥이 있으며, 혹은 지옥이 없으며,
혹은 여인이 있으며, 혹은 여인이 없으며,
혹은 불법이 있으며, 혹은 불법이 없으며,
내지 성문과 벽지불도 이와 같이 있기도 하고 없기도 하므로
지옥의 죄보가 하나같지 아니합니다.”

摩	耶	夫	人	이	重	白	菩	薩	하시되	且
갈 마	어조사 야	지아비 부	사람 인		거듭할 중	아뢸 백	보리 보	보살 살		또 차

願	聞	於	閻	浮	罪	報	로	所	感	惡
원할 원	들을 문	어조사 어	마을 염	뜰 부	허물 죄	갚을 보		바 소	느낄 감	악할 악

趣	하나이다	地	藏	이	答	言	하시되	聖	母	시여
갈래 취		땅 지	감출 장		대답 답	말씀 언		성인 성	어머니 모	

唯	願	聽	受	하소서	我	粗	說	之	하리다	佛
오직 유	원할 원	들을 청	받을 수		나 아	거칠 조	말씀 설	어조사 지		부처 불

母	白	言	하시되	願	聖	者	는	說	하소서	爾
어머니 모	아뢸 백	말씀 언		원할 원	성인 성	사람 자		말씀 설		너 이

時	에	地	藏	菩	薩	이	白	聖	母	言
때 시		땅 지	감출 장	보리 보	보살 살		아뢸 백	성인 성	어머니 모	말씀 언

하시되	南	閻	浮	提	의	罪	報	名	號	는
	남녘 남	마을 염	뜰 부	끝 제		허물 죄	갚을 보	이름 명	이름 호	

마야부인이 거듭 보살께 아뢰었다.

"또한 염부제에서 지은 죄보를 느끼는 악도에 대해서 듣고 싶습니다."

지장보살이 대답하였다. "성모시여, 듣고자 하신다면 제가 설명하여 드리겠습니다."

불모께서 말씀하셨다. "원컨대 성자께서는 설하여 주십시오."

그때에 지장보살이 성모에게 말씀드리기를 "남염부제의 죄보의 명호는 이와 같습니다.

如	是	니이다	若	有	衆	生	이	不	孝	父
같을 여	이 시		만약 약	있을 유	무리 중	날 생		아닐 불	효도 효	아버지 부
母	하고	或	至	殺	生	하면	當	墮	無	間
어머니 모		혹 혹	이를 지	죽일 살	날 생		마땅 당	떨어질 타	없을 무	사이 간
地	獄	하여	千	萬	億	劫	에	求	出	無
땅 지	옥 옥		일천 천	일만 만	억 억	겁 겁		구할 구	날 출	없을 무
期	하며	若	有	衆	生	이	出	佛	身	血
기약할 기		만약 약	있을 유	무리 중	날 생		날 출	부처 불	몸 신	피 혈
커나	毀	謗	三	寶	하고	不	敬	尊	經	하면
	헐 훼	헐뜯을 방	석 삼	보배 보		아닐 불	공경 경	높을 존	글 경	
亦	當	墮	於	無	間	地	獄	하여	千	萬
또 역	마땅 당	떨어질 타	어조사 어	없을 무	사이 간	땅 지	옥 옥		일천 천	일만 만
億	劫	에	求	出	無	期	하며	若	有	衆
억 억	겁 겁		구할 구	날 출	없을 무	기약할 기		만약 약	있을 유	무리 중

만약 어떤 중생이 부모에게 불효하여 혹 살생하는 데까지 이르면
마땅히 무간지옥에 떨어져서 천만억 겁이 지나도록 나오기를 구해도 기약이 없을 것입니다.
만약 어떤 중생이 부처님의 몸을 상하여 피가 나게 하고
삼보를 훼방하고 경전을 존경하지 아니하면
또한 마땅히 무간지옥에 떨어져서 천만억 겁을 지내면서
나오기를 구하여도 나올 기약이 없을 것입니다.

生	이	侵	損	常	住	커나	點	汚	僧	尼
날 생		침노할 침	덜 손	항상 상	살 주		점 점	더러울 오	스님 승	여승 니

하며	或	伽	藍	内	에	恣	行	淫	慾	커나
	혹 혹	절 가	쪽 람	안 내		마음대로 자	행할 행	음란할 음	욕심 욕	

或	殺	或	害	하면	如	是	等	輩	는	當
혹 혹	죽일 살	혹 혹	해할 해		같을 여	이 시	무리 등	무리 배		마땅 당

墮	無	間	地	獄	하여	千	萬	億	劫	에
떨어질 타	없을 무	사이 간	땅 지	옥 옥		일천 천	일만 만	억 억	겁 겁	

求	出	無	期	하며	若	有	衆	生	이	僞
구할 구	날 출	없을 무	기약할 기		만약 약	있을 유	무리 중	날 생		거짓 위

作	沙	門	하되	心	非	沙	門	이라	破	用
지을 작	모래 사	문 문		마음 심	아닐 비	모래 사	문 문		깨뜨릴 파	쓸 용

常	住	하고	欺	狂	白	衣	하며	違	背	戒
항상 상	살 주		속일 기	미칠 광	흰 백	옷 의		어긋날 위	등 배	경계할 계

만약 어떤 중생이 부처님의 재산을 침해하여 손해를 입히고,
비구와 비구니를 더럽히고, 혹은 가람 안에서 음욕을 자행하고,
혹은 죽이거나 혹은 해치는 이러한 무리들은 마땅히 무간지옥에 떨어져서
천만억 겁을 지내면서 나오기를 구하여도 나올 기약이 없을 것입니다.
만약 어떤 중생이 거짓으로 사문이 되어 사문의 마음을 가지지 아니하고
사찰의 물건을 쓰거나 파손하며, 속인을 속이며, 계율을 어기거나 등지고

律 하고		種	種	造	惡 하면		如	是	等	輩
법율		종류 종	종류 종	지을 조	악할 악		같을 여	이 시	무리 등	무리 배
는	當	墮	無	間	地	獄 하여		千	萬	億
	마땅 당	떨어질 타	없을 무	사이 간	땅 지	옥 옥		일천 천	일만 만	억 억
劫	에	求	出	無	期 하며		若	有	衆	生
겁 겁		구할 구	날 출	없을 무	기약할 기		만약 약	있을 유	무리 중	날 생
이	偸	竊	常	住 하되		財	物	穀	米 와
	훔칠 투	훔칠 절	항상 상	살 주		재물 재	물건 물	곡식 곡	쌀 미	
飮	食	衣	服 에		乃	至	一	物 이나		不
마실 음	먹을 식	옷 의	옷 복		이에 내	이를 지	한 일	물건 물		아닐 불
與	取	者 는		當	墮	無	間	地	獄 하여	
줄 여	가질 취	사람 자		마땅 당	떨어질 타	없을 무	사이 간	땅 지	옥 옥	
千	萬	億	劫 에		求	出	無	期 니다		地
일천 천	일만 만	억 억	겁 겁		구할 구	날 출	없을 무	기약할 기		땅 지

갖가지 악한 일을 지으면, 이러한 무리들도 마땅히 무간지옥에 떨어져서
천만억 겁을 지내면서 나오기를 구하여도 나올 기약이 없을 것입니다.
만약 어떤 중생이 상주물인 재물과 곡식과 음식과 의복과 그밖에 한 물건이라도
주지 아니한 것을 갖게 되면 마땅히 무간지옥에 떨어져서
천만억 겁을 지내면서 나오기를 구해도 기약이 없습니다."라고 하였다.

藏	이	白	言	하되	聖	母	시여	若	有	衆
감출 장		아뢸 백	말씀 언		성인 성	어머니 모		만약 약	있을 유	무리 중
生	이	作	如	是	罪	하면	當	墮	五	無
날 생		지을 작	같을 여	이 시	허물 죄		마땅 당	떨어질 타	다섯 오	없을 무
間	地	獄	하여	求	暫	停	苦	하여도	一	念
사이 간	땅 지	옥 옥		구할 구	잠시 잠	머무를 정	괴로울 고		한 일	생각 념
不	得	이리라								
아닐 부	얻을 득									

3. 무간지옥의 참상

摩	耶	夫	人	이	重	白	地	藏	菩	薩
갈 마	어조사 야	지아비 부	사람 인		거듭할 중	아뢸 백	땅 지	감출 장	보리 보	보살 살
言	하시되	云	何	名	爲	無	間	地	獄	이니까
말씀 언		이를 운	어찌 하	이름 명	할 위	없을 무	사이 간	땅 지	옥 옥	

또 지장보살이 아뢰기를 "성모시여, 만약 어떤 중생이 이와 같은 죄를 지으면
마땅히 오무간지옥에 떨어져서 잠깐이라도 고통이 멈추기를 구하나
한순간도 편안함을 얻을 수 없습니다."라고 하였다

마야부인이 거듭 지장보살에게 말씀하였다.
"무엇을 일러 무간지옥이라 합니까?"

地	藏	이	白	言	하되	聖	母	시여	諸	有
땅 지	감출 장		아뢸 백	말씀 언		성인 성	어머니 모		모두 제	있을 유
地	獄	在	大	鐵	圍	山	之	内	하되	其
땅 지	옥 옥	있을 재	큰 대	쇠 철	에워쌀 위	뫼 산	어조사 지	안 내		그 기
大	地	獄	은	有	一	十	八	所	요	次
큰 대	땅 지	옥 옥		있을 유	한 일	열 십	여덟 팔	곳 소		버금 차
有	五	百	하되	名	號	各	別	하며	次	有
있을 유	다섯 오	일백 백		이름 명	이름 호	각각 각	다를 별		버금 차	있을 유
千	百	하되	名	字	各	別	커니와	無	間	獄
일천 천	일백 백		이름 명	글자 자	각각 각	다를 별		없을 무	사이 간	옥 옥
者	는	其	獄	城	이	周	匝	八	萬	餘
것 자		그 기	옥 옥	성 성		두루 주	돌 잡	여덟 팔	일만 만	남을 여
里	요	其	城	이	純	鐵	이며	高	는	一
리 리		그 기	성 성		순수할 순	쇠 철		높을 고		한 일

지장보살이 대답하였다.

"성모시여, 무간지옥이라는 것은 큰 철위산 안에 있되 그 큰 지옥은 십팔 곳이요,

다시 오백 군데가 있되 그 이름이 각각 다르며,

다시 천백이 있되 그 이름이 각각 다르거니와

무간지옥은 그 옥의 성 둘레가 팔만여 리나 되며

그 성은 순전히 철로 되어 있으며 높이가 일만 리나 되며

萬	里	요	城	上	火	聚	小	有	空	闕
일만 만	리 리		성 성	위 상	불 화	모을 취	작을 소	있을 유	빌 공	흠 궐
하며	其	獄	城	中	에	諸	獄	이	相	連
	그 기	옥 옥	성 성	가운데 중		모두 제	옥 옥		서로 상	잇닿을 련
하되	名	號	各	別	이나	獨	有	一	獄	이
	이름 명	이름 호	각각 각	다를 별		홀로 독	있을 유	한 일	옥 옥	
名	曰	無	間	이니	其	獄	은	周	匝	萬
이름 명	가로 왈	없을 무	사이 간		그 기	옥 옥		두루 주	돌 잡	일만 만
八	千	里	요	獄	墻	高	는	一	千	里
여덟 팔	일천 천	리 리		옥 옥	담 장	높을 고		한 일	일천 천	리 리
로되	悉	是	鐵	圍	라	上	火	徹	下	하고
	다 실	이 시	쇠 철	에워쌀 위		위 상	불 화	통할 철	아래 하	
下	火	徹	上	하며	鐵	蛇	鐵	狗	吐	火
아래 하	불 화	통할 철	위 상		쇠 철	뱀 사	쇠 철	개 구	토할 토	불 화

성 위에는 불무더기가 있어서 간격이 전혀 없고,

그 옥성 가운데 여러 옥이 서로 이어져 있는데 이름이 각각 다르며,

따로 한 개의 옥이 있는데 이름을 무간이라 하고,

그 옥의 둘레는 만 팔천 리나 되고 옥담의 높이는 일천 리로 다 무쇠로 되어 있습니다.

위에서 타는 불이 아래까지 닿고 아랫불이 위까지 치솟으며

쇠로 된 뱀과 쇠로 된 개가 불을 토하면서 쫓아다니므로

馳	逐	하되	獄	墙	之	上	에		東	西	而
달릴 치	쫓을 축		옥 옥	담 장	어조사 지	위 상			동녘 동	서녘 서	말이을 이
走	하며		獄	中	에	有	床	하되	遍	滿	萬
달릴 주			옥 옥	가운데 중		있을 유	평상 상		두루 변	찰 만	일만 만
里	어든		一	人	이	受	罪	하되	自	見	其
리 리			한 일	사람 인		받을 수	허물 죄		스스로 자	볼 견	그 기
身	이		遍	臥	滿	床	하고	千	萬	人	이
몸 신			두루 변	누울 와	찰 만	평상 상		일천 천	일만 만	사람 인	
受	罪	하되	亦	各	自	見	身	滿	床	上	
받을 수	허물 죄		또 역	각각 각	스스로 자	볼 견	몸 신	찰 만	평상 상	위 상	
하나니	衆	業	所	感	으로	獲	報	如	是	하며	
	무리 중	업 업	바 소	느낄 감		얻을 획	갚을 보	같을 여	이 시		
又	諸	罪	人	이	備	受	衆	苦	할새		千
또 우	모두 제	허물 죄	사람 인		갖출 비	받을 수	무리 중	괴로울 고			일천 천

옥담 위를 동서로 달아나고 있습니다.
지옥 가운데는 평상이 있어 넓이가 만 리에 가득한데
한 사람이 죄를 받아도 스스로 그 몸이 평상 위에 가득 차게 누웠음을 보고
천만 인이 죄를 받아도 또한 각각 자기의 몸이 평상 위에 가득 차게 보이니
여러 가지 업으로 느끼는 것에 그 과보를 얻음이 이와 같습니다.
또한 여러 죄인이 모든 고통을 갖추어 받는데

百	夜	叉	와	及	以	惡	鬼	口	牙	如
일백 백	밤 야	갈래 차		및 급	써 이	악할 악	귀신 귀	입 구	어금니 아	같을 여
劍	하고	眼	如	電	光	하며	手	復	銅	爪
칼 검		눈 안	같을 여	번개 전	빛 광		손 수	다시 부	구리 동	손톱 조
로	抽	腸	剉	斬	하며	復	有	夜	叉	는
	뽑을 추	창자 장	꺾을 좌	벨 참		다시 부	있을 유	밤 야	갈래 차	
執	大	鐵	戟	하여	中	罪	人	身	하되	或
잡을 집	큰 대	쇠 철	창 극		가운데 중	허물 죄	사람 인	몸 신		혹 혹
中	口	鼻	하며	或	中	腹	背	하여	抛	空
가운데 중	입 구	코 비		혹 혹	가운데 중	배 복	등 배		던질 포	빌 공
翻	接	하고	或	置	床	上	하며	復	有	鐵
뒤집을 번	받을 접		혹 혹	둘 치	평상 상	위 상		다시 부	있을 유	쇠 철
鷹	은	啗	罪	人	目	하며	復	有	鐵	蛇
매 응		먹을 담	허물 죄	사람 인	눈 목		다시 부	있을 유	쇠 철	뱀 사

천백이나 되는 야차와 악귀의 어금니는 칼날과 같고 눈은 번갯불과 같으며,
손은 또 구리 손톱이 달려 있어 죄인의 창자를 뽑아내어 토막토막 자르며,
다른 어떤 야차는 큰 쇠창을 들고 죄인의 몸을 찌르는데
혹은 코와 입을 찌르고 혹은 배와 등을 찌르며 공중에 던졌다가 뒤집어 받으며
혹은 평상 위에 그대로 두기도 합니다.
또한 쇠로 된 매가 있어 죄인의 눈알을 쪼으며,

는	繳	罪	人	頸	하며	百	肢	節	內	에
	얽힐 교	허물 죄	사람 인	머리 경		일백 백	팔다리 지	마디 절	안 내	
悉	下	長	釘	하며	拔	舌	耕	犁	할새	拖
다 실	아래 하	길 장	못 정		뽑을 발	혀 설	밭갈 경	밭 갈 려		끌 타
拽	罪	人	하며	洋	銅	灌	口	하고	熱	鐵
끌 예	허물 죄	사람 인		큰 바다 양	구리 동	물 댈 관	입 구		더울 열	쇠 철
纏	身	하여	萬	死	萬	生	하나니	業	感	如
얽을 전	몸 신		일만 만	죽을 사	일만 만	날 생		업 업	느낄 감	같을 여
是	라	動	經	億	劫	하여도	求	出	無	期
이 시		움직일 동	지날 경	억 억	겁 겁		구할 구	날 출	없을 무	기약할 기
하며	此	界	壞	時	에	寄	生	他	界	하고
	이 차	경계 계	무너질 괴	때 시		보낼 기	날 생	다를 타	경계 계	
他	界	次	壞	하여는	轉	寄	他	方	하며	他
다를 타	경계 계	버금 차	무너질 괴		구를 전	보낼 기	다를 타	방위 방		다를 타

또한 쇠로 된 뱀이 있어 죄인의 머리를 감고, 백 개의 마디마다 모두 긴 못을 박으며,

혀를 뽑아 보습을 만들어 죄인에게 끌게 하며 구리쇳물을 입에 부으며,

뜨거운 무쇠로 몸을 얽어서 만 번도 더 죽었다가 깨어나게 하니

업에 의한 느낌이 이와 같아서 억겁을 지낸다 하더라도 나오려야 나올 기약이 없습니다.

또한 이 세계가 없어지면 다른 세계로 옮겨져 나고,

다른 세계가 파괴되면 또 다른 곳으로 옮겨지며,

方	壞	時	에는	展	轉	相	寄	라가		此	界
방위 **방**	무너질 **괴**	때 **시**		펼 **전**	구를 **전**	모양 **상**	보낼 **기**			이 **차**	경계 **계**
成	後	에		還	復	而	來	하나니		無	間	罪
이룰 **성**	뒤 **후**			돌아올 **환**	다시 **부**	말 이을 **이**	올 **래**			없을 **무**	사이 **간**	허물 **죄**
報	는		其	事	如	是	니다	
갚을 **보**			그 **기**	일 **사**	같을 **여**	이 **시**		

4. 무간지옥의 다섯 가지 뜻

又	五	事	業	感	일새		故	稱	無	間	이니
또 **우**	다섯 **오**	일 **사**	업 **업**	느낄 **감**			연고 **고**	일컬을 **칭**	없을 **무**	사이 **간**	
何	等	이	爲	五	요		一	者	는	日	夜
어찌 **하**	무리 **등**		할 **위**	다섯 **오**			한 **일**	것 **자**		해 **일**	밤 **야**
受	罪	하여	以	至	劫	數	히		無	時	間
받을 **수**	허물 **죄**		써 **이**	이를 **지**	겁 **겁**	셈 **수**			없을 **무**	때 **시**	사이 **간**

다른 곳이 파괴되어도 전전하면서 옮기다가
이 세계가 이루어지면 다시 돌아오게 되니
무간지옥의 죄보를 받는 일이 이와 같습니다."

"또한 다섯 가지 일에 대해 업을 느끼므로 무간지옥이라 합니다.
무엇을 다섯이라 하느냐 하면, 첫째는 낮과 밤으로 죄보를 받아 겁수에 이르기까지

絶	일새	故	稱	無	間	이요	二	者	는		一
끊을 절		연고 고	일컬을 칭	없을 무	사이 간		두 이	것 자			한 일
人	이	亦	滿		하고	多	人	도		亦	滿	일새
사람 인		또 역	찰 만			많을 다	사람 인			또 역	찰 만	
故	稱	無	間	이요		三	者	는		罪	器	叉
연고 고	일컬을 칭	없을 무	사이 간			석 삼	것 자			허물 죄	그릇 기	작살 차
棒	과	鷹	蛇	狼	犬	과		碓	磨	鉅	鑿
막대 봉		매 응	뱀 사	이리 낭	개 견			방아 대	갈 마	강철 거	뚫을 착
	과	剉	斫	鑊	湯	과		鐵	網	鐵	繩	과
		꺾을 좌	벨 작	가마솥 확	끓일 탕			쇠 철	그물 망	쇠 철	노끈 줄 승	
鐵	驢	鐵	馬	를		生	革	으로		絡	首	하고
쇠 철	당나귀 려	쇠 철	말 마			날 생	가죽 혁			얽을 낙	머리 수	
熱	鐵	로		澆	身	하며		飢	吞	鐵	丸	하고
더울 열	쇠 철			물 댈 요	몸 신			주릴 기	삼킬 탄	쇠 철	알 환	

잠시라도 사이가 없으므로 무간지옥이라 합니다.

둘째는 한 사람도 그 지옥이 가득 차고

많은 사람도 또한 그 지옥이 가득 차므로 무간지옥이라 합니다.

셋째는 죄 받는 기구에 쇠방망이와 매와 뱀과 이리와 개와

가는 맷돌과 써는 톱과 끓는 가마솥과 쇠그물과 쇠사슬과 쇠나귀와 쇠말들이 있고,

생가죽으로 머리를 조르고 뜨거운 쇳물을 몸에 부으며, 주리면 철환을 삼키고

渴	飮	鐵	汁	하여	終	年	竟	劫 에	數
목마를 **갈**	마실 **음**	쇠 **철**	즙 **즙**		마칠 **종**	해 **년**	마침내 **경**	겁 **겁**	셈 **수**

那	由	他 라도		苦	楚	相	連 하여	更	無
어찌 **나**	말미암을 **유**	다를 **타**		괴로울 **고**	회초리 **초**	서로 **상**	잇닿을 **련**	다시 **갱**	없을 **무**

間	斷 일새		故	稱	無	間 이요		四	者 는
사이 **간**	끊을 **단**		연고 **고**	일컬을 **칭**	없을 **무**	사이 **간**		넉 **사**	것 **자**

不	問	男	子	女	人 과		羌	胡	夷	狄
아닐 **불**	물을 **문**	사내 **남**	아들 **자**	여자 **여**	사람 **인**		오랑캐 **강**	오랑캐이름 **호**	오랑캐 **이**	오랑캐 **적**

과	老	幼	貴	賤 과		或	龍	或	神 과
	늙을 **노**	어릴 **유**	귀할 **귀**	천할 **천**		혹 **혹**	용 **룡**	혹 **혹**	신 **신**

或	天	或	鬼 하고		罪	行	業	感 으로	悉
혹 **혹**	하늘 **천**	혹 **혹**	귀신 **귀**		허물 **죄**	행할 **행**	업 **업**	느낄 **감**	다 **실**

同	受	之 할새		故	稱	無	間 이요		五	者
한가지 **동**	받을 **수**	어조사 **지**		연고 **고**	일컬을 **칭**	없을 **무**	사이 **간**		다섯 **오**	것 **자**

목마르면 쇳물을 마시면서 해가 다 가고 겁을 마치는 수가

나유타와 같이 고초가 서로 이어져서 간단이 없으므로 무간지옥이라 합니다.

넷째는 남자와 여자, 되놈과 오랑캐, 늙은이와 젊은이, 귀한 사람과 천한 사람,

혹은 용, 혹은 신, 혹은 천, 혹은 귀 등을 가리지 않고

죄행에 대한 업의 느낌은 모두 다 같으므로 무간지옥이라 합니다.

는	若	墮	此	獄	하면	從	初	入	時	로
	만약 **약**	떨어질 **타**	이 **차**	옥 **옥**		좇을 **종**	처음 **초**	들 **입**	때 **시**	
至	百	千	劫	이	一	日	一	夜	에	萬
이를 **지**	일백 **백**	일천 **천**	겁 **겁**		한 **일**	해 **일**	한 **일**	밤 **야**		일만 **만**
死	萬	生	하여	求	一	念	間	의	暫	住
죽을 **사**	일만 **만**	날 **생**		구할 **구**	한 **일**	생각 **념**	사이 **간**		잠시 **잠**	살 **주**
不	得	이라	除	非	業	盡	이라사	方	得	受
아닐 **부**	얻을 **득**		덜 **제**	아닐 **비**	업 **업**	다할 **진**		바야흐로 **방**	얻을 **득**	받을 **수**
生	할것이니	以	此	連	綿	일새	故	稱	無	間
날 **생**		써 **이**	이 **차**	잇닿을 **연**	이어질 **면**		연고 **고**	일컬을 **칭**	없을 **무**	사이 **간**
입니다	地	藏	菩	薩	이	白	聖	母	言	하되
	땅 **지**	감출 **장**	보리 **보**	보살 **살**		아뢸 **백**	성인 **성**	어머니 **모**	말씀 **언**	
無	間	地	獄	을	粗	說	如	是	이오나	若
없을 **무**	사이 **간**	땅 **지**	옥 **옥**		거칠 **조**	말씀 **설**	같을 **여**	이 **시**		만약 **약**

다섯째는 만약 이 지옥에 떨어지면 처음 들어갈 때부터 백천 겁이 되도록

하루 낮과 하루 밤에 만 번이나 죽었다가 만 번이나 살아나서

잠깐 사이나마 머물기를 기다려도 되지 않으며

비행을 제거하고 업이 다하면 바야흐로 다른 곳에 태어나게 되는데

이러한 일이 계속되므로 무간지옥이라 합니다."

지장보살이 성모에게 말씀드리기를, "무간지옥에 대한 설명은 대강 이와 같습니다.

廣	說	地	獄	罪	器	等	名	과	及	諸
넓을 광	말씀 설	땅 지	옥 옥	허물 죄	그릇 기	무리 등	이름 명		및 급	모두 제

苦	事	인데	一	劫	之	中	에	求	說	不
괴로울 고	일 사		한 일	겁 겁	어조사 지	가운데 중		구할 구	말씀 설	아닐 부

盡	입니다	摩	耶	夫	人	이	聞	已	에	愁
다할 진		갈 마	어조사 야	지아비 부	사람 인		들을 문	이미 이		근심 수

憂	合	掌	하시어	頂	禮	而	退	하시니라		
근심 우	합할 합	손바닥 장		정수리 정	예도 례	말 이을 이	물러날 퇴			

만약 지옥에서 벌을 주는 기구들의 명칭과 여러 가지 고통을 주는 일에 대해서는
일 겁 동안 설명한다 해도 다할 수가 없습니다."라고 하였다.
마야부인이 듣기를 마치고 근심스럽게 합장하면서 이마를 조아려 절하고 물러났다.

第	四		閻	浮	衆	生	業	感	品	
차례 제	넉 사		마을 염	뜰 부	무리 중	날 생	업 업	느낄 감	가지 품	

1. 부촉을 확인하다

爾	時	에	地	藏	菩	薩	摩	訶	薩	이
너 이	때 시		땅 지	감출 장	보리 보	보살 살	갈 마	꾸짖을 하	보살 살	
白	佛	言	하사대	世	尊	하	我	承	佛	如
아뢸 백	부처 불	말씀 언		세상 세	높을 존		나 아	이을 승	부처 불	같을 여
來	威	神	力	故	로	遍	百	千	萬	億
올 래	위엄 위	신통할 신	힘 력	연고 고		두루 변	일백 백	일천 천	일만 만	억 억
世	界	토록	分	是	身	形	하여	救	拔	一
세상 세	경계 계		나눌 분	이 시	몸 신	모양 형		구원할 구	뽑을 발	한 일
切	業	報	衆	生	하니	若	非	如	來	大
온통 체	업 업	갚을 보	무리 중	날 생		만약 약	아닐 비	같을 여	올 래	큰 대

제4. 염부제 중생들의 업으로 느낌

그때에 지장보살마하살이 부처님께 말씀드리기를,

"세존이시여, 제가 여래의 위신의 힘을 입었으므로

두루 백천만억 세계에 이 몸을 나누어서

중생의 모든 업보를 보고 구원할 수 있습니다.

그러나 만약 여래의 큰 자비의 힘이 아니었다면

慈	力	故	면		卽	不	能	作	如	是	變
사랑 자	힘 력	연고 고			곧 즉	아닐 불	능할 능	지을 작	같을 여	이 시	변할 변
化	이다	我	今	에	又	蒙	佛	付	囑	하시와	
될 화		나 아	이제 금		또 우	입을 몽	부처 불	줄 부	부탁할 촉		
至	阿	逸	多	成	佛	已	來	히	六	道	
이를 지	언덕 아	편안할 일	많을 다	이룰 성	부처 불	이미 이	올 래		여섯 육	길 도	
衆	生	을	遣	令	度	脫	케하리니	唯	然	世	
무리 중	날 생		하여금 견	하여금 령	법도 도	벗을 탈		오직 유	그럴 연	세상 세	
尊	은	願	不	有	慮	하소서	爾	時	에	佛	
높을 존		원할 원	아닐 불	있을 유	생각할 려		너 이	때 시		부처 불	
告	地	藏	菩	薩	하시되	一	切	衆	生	의	
고할 고	땅 지	감출 장	보리 보	보살 살		한 일	온통 체	무리 중	날 생		
未	解	脫	者	는	性	識	이	無	定	하여	
아닐 미	풀 해	벗을 탈	것 자		성품 성	알 식		없을 무	정할 정		

능히 이와 같은 변화는 지을 수가 없었는데 제가 지금 또 부처님의 부촉을 입었으니
아일다(미륵불)께서 성불하여 오실 때까지 육도중생으로 하여금 해탈하게 할 것입니다.
다만 원컨대 세존께서는 심려하지 마십시오.”라고 하였다.
그때에 부처님께서 지장보살에게 이르시기를,
“일체 중생이 해탈하지 못하는 것은 성품이 정해지지 않아서

惡	習	으로	結	業	하고	善	習	으로		結	果
악할 **악**	익힐 **습**		맺을 **결**	업 **업**		착할 **선**	익힐 **습**			맺을 **결**	과실 **과**
하여	爲	善	爲	惡	에	逐	境	而	生	하여	
	할 **위**	착할 **선**	할 **위**	악할 **악**		쫓을 **축**	경계 **경**	말 이을 **이**	날 **생**		
輪	轉	五	道	하되	暫	無	休	息	하며	動	
바퀴 **윤**	구를 **전**	다섯 **오**	길 **도**		잠시 **잠**	없을 **무**	쉴 **휴**	쉴 **식**		움직일 **동**	
經	塵	劫	하여	迷	惑	障	難	하나니	如	魚	
지날 **경**	티끌 **진**	겁 **겁**		미혹할 **미**	미혹할 **혹**	막을 **장**	어려울 **난**		같을 **여**	고기 **어**	
遊	網	에	將	是	長	流	라가	脫	入	暫	
놀 **유**	그물 **망**		장차 **장**	이 **시**	길 **장**	흐를 **유**		벗을 **탈**	들 **입**	잠시 **잠**	
出	하여도	又	復	遭	網	인듯하니	以	是	等	輩	
날 **출**		또 **우**	다시 **부**	만날 **조**	그물 **망**		써 **이**	이 **시**	무리 **등**	무리 **배**	
를	吾	當	憂	念	이러니	汝	旣	畢	是	往	
	나 **오**	마땅 **당**	근심 **우**	생각 **념**		너 **여**	이미 **기**	마칠 **필**	이 **시**	갈 **왕**	

악함을 행하면 업을 짓고 선함을 행하면 과를 맺어 그 경지를 따라서 태어나며,
오도를 돌고 돌아 잠깐도 쉬는 일이 없이 미진겁을 지내게 된다.
의혹에 사로잡히고 어려움에 가로막히는 것이 마치 물고기가 그물 속에서 노는 것과 같아서
이러한 긴 흐름을 잠시 벗어나는가 하면 또 들어가서 다시 그물에 걸리게 된다.
이와 같은 무리들을 내 마땅히 근심하였는데

願	累	劫	重	誓	하여	廣	度	罪	輩	하나니
원할 원	여러 누	겁 겁	거듭할 중	맹세할 서		넓을 광	법도 도	허물 죄	무리 배	

吾	復	何	慮	리요
나 오	다시 부	어찌 하	생각할 려	

2. 본생담 3 - 왕이 되다

說	是	語	時	에	會	中	에	有	一	菩
말씀 설	이 시	말씀 어	때 시		모일 회	가운데 중		있을 유	한 일	보리 보

薩	摩	訶	薩	하되	名	은	定	自	在	王
보살 살	갈 마	꾸짖을 하	보살 살		이름 명		정할 정	스스로 자	있을 재	임금 왕

이라	白	佛	言	하시되	世	尊	하	地	藏	菩
	아뢸 백	부처 불	말씀 언		세상 세	높을 존		땅 지	감출 장	보리 보

薩	이	累	劫	以	來	에	各	發	何	願
보살 살		여러 누	겁 겁	써 이	올 래		각각 각	필 발	어찌 하	원할 원

그대는 이미 지난날 원을 마치고 오랜 세월 동안 거듭 맹세하여
널리 죄 지은 무리들을 제도하니 내 다시 무엇을 근심할까."라고 하시었다.

이 말씀을 설하실 때에 법회 가운데 한 보살마하살이 있어
이름을 정자재왕이라고 하였는데 부처님께 아뢰기를
"세존이시여, 지장보살이 오랜 세월 동안 각각 어떠한 원을 발하였기에

이건대	今	蒙	世	尊	의		慇	懃	讚	歎	입니까
	이제 금	입을 몽	세상 세	높을 존			은근할 은	은근할 근	기릴 찬	찬탄할 탄	
唯	願	世	尊	은		略	而	說	之	하소서	爾
오직 유	원할 원	세상 세	높을 존			간략할 약	말 이을 이	말씀 설	어조사 지		너 이
時	에	世	尊	이		告	定	自	在	王	菩
때 시		세상 세	높을 존			고할 고	정할 정	스스로 자	있을 재	임금 왕	보리 보
薩	하시되	諦	聽	諦	聽	하여	善	思	念	之
보살 살		살필 체	들을 청	살필 체	들을 청		착할 선	생각 사	생각 념	어조사 지
하라	吾	當	爲	汝	하여		分	別	解	說	하리라
	나 오	마땅 당	위할 위	너 여			나눌 분	나눌 별	풀 해	말씀 설	
乃	往	過	去	無	量	阿	僧	祇	那	由
이에 내	갈 왕	지날 과	갈 거	없을 무	헤아릴 량	언덕 아	스님 승	다만 지	어찌 나	말미암을 유
他	不	可	說	劫	에		爾	時	有	佛	하시니
다를 타	아닐 불	가히 가	말씀 설	겁 겁			너 이	때 시	있을 유	부처 불	

지금 세존의 은근하신 찬탄을 받으십니까?

오직 바라건대 세존께서는 간략하게 설하여 주십시오."라고 하였다.

그때에 세존께서는 정자재왕보살에게 고하시기를

"잘 듣고 잘 들어서 좋은 마음으로 생각해 보아라.

내 마땅히 그대를 위하여 분별하여 해설하리라.

지나간 과거의 무량 아승지 나유타로 말로는 표현할 수 없는 겁인 그때에 부처님이 계셨는데

號	는	一	切	智	成	就	如	來	應	供
이름 호		한 일	온통 체	슬기 지	이룰 성	나아갈 취	같을 여	올 래	응할 응	이바지할 공

正	遍	智	明	行	足	善	逝	世	間	解
바를 정	두루 변	슬기 지	밝을 명	행할 행	족할 족	착할 선	갈 서	세상 세	사이 간	풀 해

無	上	士	調	御	丈	夫	天	人	師	佛
없을 무	위 상	선비 사	고를 조	거느릴 어	어른 장	지아비 부	하늘 천	사람 인	스승 사	부처 불

世	尊	이시라	其	佛	壽	命	은	六	萬	劫
세상 세	높을 존		그 기	부처 불	목숨 수	목숨 명		여섯 육	일만 만	겁 겁

이니	未	出	家	時	에	爲	小	國	王	하여
	아닐 미	날 출	집 가	때 시		될 위	작을 소	나라 국	임금 왕	

與	一	隣	國	王	으로	爲	友	하시어	同	行
더불어 여	한 일	이웃 인	나라 국	임금 왕		될 위	벗 우		한가지 동	행할 행

十	善	하여	饒	益	衆	生	하더니	其	隣	國
열 십	착할 선		넉넉할 요	더할 익	무리 중	날 생		그 기	이웃 인	나라 국

호를 일체지성취여래 · 응공 · 정변지 · 명행족 · 선서 · 세간해 ·
무상사 · 조어장부 · 천인사 · 불세존이라고 했다.
그 부처님의 수명이 육만 겁이나 되었는데
출가하지 아니했을 때 작은 나라의 임금이 되어서는
이웃 나라의 임금과 벗이 되어 함께 열 가지 착한 일을 행하여
중생을 넉넉하고 유익되게 하였다.

內 에		所	有	人	民 이		多	造	衆	惡
안 내		바 소	있을 유	사람 인	백성 민		많을 다	지을 조	무리 중	악할 악
커늘	二	王 이	議	計 하고		廣	設	方	便	
	두 이	임금 왕	의논할 의	셈 계		넓을 광	베풀 설	처방 방	편할 편	
할새	一	王 은	發	願 하여		早	成	佛	道	
	한 일	임금 왕	필 발	원할 원		이를 조	이룰 성	부처 불	길 도	
하여	當	度	是	輩 하여		令	使	無	餘 케하리라	
	마땅 당	법도 도	이 시	무리 배		하여금 영	하여금 사	없을 무	남을 여	
一	王 은	發	願 하되		若	不	先	度	罪	
한 일	임금 왕	필 발	원할 원		만약 약	아닐 불	먼저 선	법도 도	허물 죄	
苦 하여	令	是	安	樂 하여		得	至	菩	提	
괴로울 고	하여금 영	이 시	편안 안	즐길 락		얻을 득	이를 지	보리 보	끌 제(리)	
하면	我	終	未	願	成	佛 이라 하니라	佛	告	定	
	나 아	마칠 종	아닐 미	원할 원	이룰 성	부처 불	부처 불	고할 고	정할 정	

그 이웃 나라 안에 사는 인민이 여러 가지 악한 일을 많이 지으니

두 임금이 계책을 의논하고 널리 방편을 베풀었는데 한 임금은 원을 발하기를

일찍이 불도를 성취하여 마땅히 이 사람들을 제도하여 하나도 남기지 않겠다고 하였다.

한 임금은 원을 발하기를

'만약 먼저 죄고 중생들을 제도하여 이들로 하여금 안락하게 하지 못하면

나는 끝내 성불하기를 원하지 아니한다.'고 했다."

自	在	王	菩	薩	하시되	一	王	은	發	願
스스로 **자**	있을 **재**	임금 **왕**	보리 **보**	보살 **살**		한 **일**	임금 **왕**		필 **발**	원할 **원**

하여	早	成	佛	者	는	卽	一	切	智	成
	이를 **조**	이룰 **성**	부처 **불**	사람 **자**		곧 **즉**	한 **일**	온통 **체**	슬기 **지**	이룰 **성**

就	如	來	是	요	一	王	은	發	願	하되
나아갈 **취**	같을 **여**	올 **래**	이 **시**		한 **일**	임금 **왕**		필 **발**	원할 **원**	

永	度	罪	苦	衆	生	하고	未	願	成	佛
길 **영**	법도 **도**	허물 **죄**	괴로울 **고**	무리 **중**	날 **생**		아닐 **미**	원할 **원**	이룰 **성**	부처 **불**

者	는	卽	地	藏	菩	薩	이	是	니라
사람 **자**		곧 **즉**	땅 **지**	감출 **장**	보리 **보**	보살 **살**		이 **시**	

3. 본생담 4 - 효녀 광목이 되다

1) 나한을 만나다

復	於	過	去	無	量	阿	僧	祇	劫	에
다시 **부**	어조사 **어**	지날 **과**	갈 **거**	없을 **무**	헤아릴 **량**	언덕 **아**	스님 **승**	다만 **지**	겁 **겁**	

부처님께서 정자재왕보살에게 고하시기를,

"한 임금이 원을 발하여 일찍이 성불한 이는 곧 일체지성취여래가 이분이요,

한 임금이 원을 발하여 영원토록 죄고 중생을 제도하고 성불하기를 원하지 않은 이는

곧 지장보살 이분이다."라고 하였다

"다시 과거 무량 아승지겁에

有	佛	出	世	하더니	名	은	清	淨	蓮	華
있을 유	부처 불	날 출	세상 세		이름 명		맑을 청	깨끗할 정	연꽃 연	꽃 화
目	如	來		시라	其	佛	壽	命	은	四	十
눈 목	같을 여	올 래			그 기	부처 불	목숨 수	목숨 명		넉 사	열 십
劫	이니라	像	法	之	中	에	有	一	羅	漢
겁 겁		모양 상	법 법	어조사 지	가운데 중		있을 유	한 일	그물 나	한나라 한
하여	福	度	衆	生	할새	因	次	教	化	라가
	복 복	법도 도	무리 중	날 생		인할 인	버금 차	가르칠 교	될 화	
遇	一	女	人	하니	字	曰	光	目	이라	設
만날 우	한 일	여자 여	사람 인		자 자	가로 왈	빛 광	눈 목		베풀 설
食	供	養	커늘	羅	漢	이	問	之	하되	欲
먹을 식	이바지할 공	기를 양		그물 나	한나라 한		물을 문	어조사 지		하고자할 욕
願	何	等	인고	光	目	이	答	言	하되	我
원할 원	어찌 하	무리 등		빛 광	눈 목		대답 답	말씀 언		나 아

출세하신 부처님이 계시니 이름을 청정연화목여래라고 하셨는데

그 부처님의 수명은 사십 겁이었다.

상법 가운데 한 나한이 있어 복으로 중생을 제도하고

그로 인하여 차례로 교화하다가 한 여인을 만났는데 이름을 광목이라고 했다.

음식을 베풀어 공양하니 나한이 묻기를 '원하는 것이 무엇인가?'라고 하였다.

광목이 대답하기를

以	母	亡	之	日	에	資	福	救	拔	하되
써 이	어머니 모	죽을 망	어조사 지	날 일		갖출 자	복 복	구원할 구	뽑을 발	

未	知	我	母	生	處	何	趣	니다	羅	漢
아닐 미	알 지	나 아	어머니 모	날 생	곳 처	어찌 하	갈래 취		그물 나	한나라 한

이	愍	之	하사	爲	入	定	觀	하여	見	光
	근심할 민	어조사 지		할 위	들 입	정할 정	볼 관		볼 견	빛 광

目	女	母	하니	墮	在	惡	趣	하여	受	極
눈 목	여자 녀	어머니 모		떨어질 타	있을 재	악할 악	갈래 취		받을 수	극진할 극

大	苦	어늘	羅	漢	이	問	光	目	言	하되
큰 대	괴로울 고		그물 나	한나라 한		물을 문	빛 광	눈 목	말씀 언	

汝	母	在	生	에	作	何	行	業	이건대	今
너 여	어머니 모	있을 재	날 생		지을 작	어찌 하	행할 행	업 업		이제 금

在	惡	趣	受	極	大	苦	요	光	目	이
있을 재	악할 악	갈래 취	받을 수	극진할 극	큰 대	괴로울 고		빛 광	눈 목	

'저는 어머니가 돌아가신 날에 복을 지어 구원하여 빼어내고자 하나
제 어머니가 어느 곳에 나셨는지 알지 못합니다.'라고 하였다.
나한이 불쌍히 여겨 그를 위하여 정에 들어가 관찰하니
광목의 어머니가 악취에 떨어져서 지극한 고초를 받고 있음이 보였다.
나한이 광목에게 묻기를 '너의 어머니가 살아 있을 때 어떠한 행업을 지었기에
지금 악취에서 극심한 고초를 받고 있느냐?'라고 하였다.

答	曰	我	母	所	習	은	唯	好	食	噉
대답 답	가로 왈	나 아	어머니 모	바 소	익힐 습		오직 유	좋을 호	먹을 식	먹을 담

魚	鼈	之	屬	하며	所	食	魚	鼈	에	多
고기 어	자라 별	어조사 지	무리 속		바 소	먹을 식	고기 어	자라 별		많을 다

食	其	子	하되	或	炒	或	煮	하여	恣	情
먹을 식	그 기	아들 자		혹 혹	볶을 초	혹 혹	삶을 자		마음대로 자	뜻 정

食	噉	하더니	計	其	命	數	하면	千	萬	復
먹을 식	먹을 담		셈 계	그 기	목숨 명	셈 수		일천 천	일만 만	다시 부

倍	니다	尊	者	는	慈	愍	하시어	如	何	哀
곱 배		높을 존	사람 자		사랑 자	근심할 민		같을 여	어찌 하	슬플 애

救	하소서	羅	漢	이	愍	之	하여	爲	作	方
구원할 구		그물 나	한나라 한		근심할 민	어조사 지		할 위	지을 작	처방 방

便	하사	勸	光	目	言	하되	汝	可	志	誠
편할 편		권할 권	빛 광	눈 목	말씀 언		너 여	가히 가	뜻 지	정성 성

광목이 대답하기를 '제 어머니가 한 일은 오직 물고기와 자라 등을 먹기를 좋아하였는데 물고기와 자라 중에도 그 새끼를 많이 먹었습니다. 혹 굽기도 하고 혹 지지기도 하여 마음껏 많이 먹었으니 그 목숨의 수를 계산한다면 천과 만에도 다시 배가 될 것입니다. 존자님께서는 자비심으로 불쌍히 여겨 어찌 하시든지 가련하게 생각하여 구원해 주십시오.'라고 하였다. 이에 나한이 불쌍히 여겨 방편을 지어서 광목에게 권하기를

	念	淸	淨	蓮	華	目	如	來		兼
으로									하고	
	생각 염	맑을 청	깨끗할 정	연꽃 연	꽃 화	눈 목	같을 여	올 래		겸할 겸

塑	畫	形	像		存	亡		獲	報	
				하면			이			하리라
흙빚을소	그림 화	모양 형	모양 상		있을 존	죽을 망		얻을 획	갚을 보	

光	目		聞	已		卽	捨	所	愛	
		이			하고					하여
빛 광	눈 목		들을 문	이미 이		곧 즉	버릴 사	바 소	사랑 애	

尋	畫	佛	像		而	供	養	之		復
				하여					하고	
이윽고심	그림 화	부처 불	모양 상		말 이을 이	이바지할 공	기를 양	어조사 지		다시 부

恭	敬	心		悲	泣	瞻	禮		忽	於
			으로					하더니		
공손할 공	공경 경	마음 심		슬플 비	울 읍	볼 첨	예도 례		갑자기 홀	어조사 어

夜	後		夢	見	佛	身		金	色	晃
		에					하니			
밤 야	뒤 후		꿈 몽	볼 견	부처 불	몸 신		쇠 금	빛 색	밝을 황

耀		如	須	彌	山		放	大	光	明
	하여					하시며				
빛날 요		같을 여	모름지기 수	두루 미	뫼 산		놓을 방	큰 대	빛 광	밝을 명

'그대가 지성으로 청정연화목여래를 염하고

겸하여 형상을 조성하거나 탱화를 그리든지 하면

산 사람이나 죽은 사람도 과보를 얻을 수 있을 것이다.'라고 하였다.

광목이 듣기를 마치고는 곧 아끼던 물건을 팔아 불상을 그려 모시고 공양을 올리며

다시 공경하는 마음으로 슬피 울면서 우러러 예배하였다.

광목이 문득 새벽 꿈에 부처님을 뵈오니 금빛이 밝게 빛나서 수미산과 같으며

하시고	而	告	光	目	하시되	汝	母	不	久	하여
	말 이을 이	고할 고	빛 광	눈 목		너 여	어머니 모	아닐 불	오랠 구	
當	生	汝	家	하여	繞	覺	飢	寒	이면	卽
마땅 당	날 생	너 여	집 가		겨우 재	깨달을 각	주릴 기	찰 한		곧 즉
當	言	說	하리라 하시더니							
마땅 당	말씀 언	말씀 설								

2) 어머니가 종의 아들로 태어나다

其	後	家	內	에	婢	生	一	子	하니	未
그 기	뒤 후	집 가	안 내		계집종 비	날 생	한 일	아들 자		아닐 미
滿	三	日	에	而	乃	言	說	하며	稽	首
찰 만	석 삼	날 일		말 이을 이	이에 내	말씀 언	말씀 설		조아릴 계	머리 수
悲	泣	하여	告	於	光	目	하되	生	死	業
슬플 비	울 읍		고할 고	어조사 어	빛 광	눈 목		날 생	죽을 사	업 업

큰 광명을 놓아서 광목에게 이르시기를
'네 어머니가 오래지 아니하여 너의 집에 태어날 것이나
겨우 배고프고 추운 줄을 깨닫게 되면 곧 말을 할 수 있을 것이다.'라고 하였다."

"그 뒤에 집안에서 종이 한 아들을 낳으니 삼 일이 되기 전에 말을 하며,
머리를 조아리며 슬피 울면서 광목에게 고하기를

緣	으로	果	報	自	受	라		吾	是	汝	母
인연 **연**		과실 **과**	갚을 **보**	스스로 **자**	받을 **수**			나 **오**	이 **시**	너 **여**	어머니 **모**
로니	久	處	暗	冥	하여			自	別	汝	去	로
	오랠 **구**	곳 **처**	어두울 **암**	어두울 **명**				스스로 **자**	나눌 **별**	너 **여**	갈 **거**	
累	墮	大	地	獄	이러니		今	蒙	福	力	하여
여러 **누**	떨어질 **타**	큰 **대**	땅 **지**	옥 **옥**			이제 **금**	입을 **몽**	복 **복**	힘 **력**	
當	得	受	生	이나		爲	下	賤	人	이요	又
마땅 **당**	얻을 **득**	받을 **수**	날 **생**			될 **위**	아래 **하**	천할 **천**	사람 **인**		또 **우**
復	短	命	이라	壽	年	十	三	에		更	落
다시 **부**	짧을 **단**	목숨 **명**		목숨 **수**	해 **년**	열 **십**	석 **삼**			다시 **갱**	떨어질 **락**
惡	道	하리니	汝	有	何	計	하여		令	吾	脫
악할 **악**	길 **도**		너 **여**	있을 **유**	어찌 **하**	셈 **계**			하여금 **영**	나 **오**	벗을 **탈**
免	고	光	目	이	聞	說	하고		知	母	無
면할 **면**		빛 **광**	눈 **목**		들을 **문**	말씀 **설**			알 **지**	어머니 **모**	없을 **무**

'생사의 업연으로 과보를 스스로 받게 되었는데

나는 너의 어미로서 오래도록 어두운 곳에 있다가 너를 이별하고 가서 여러 번 큰 지옥에 떨어졌으나

너의 복력을 입어서 다시 태어나게 되었으나 하천한 사람이 되었다.

또 다시 단명하여 나이 열세 살이 되면 다시 악도에 떨어질 것이니

너에게 어떠한 계책이 있어 나로 하여금 벗어나서 면하게 할 수 있겠느냐?' 하거늘

광목이 이 말을 듣고 어머니로 알아 의심이 없었다.

疑 하여	哽	咽	悲	啼 하며		而	白	婢	子
의심할 의	목멜 경	목멜 열	슬플 비	울 제		말 이을 이	아뢸 백	계집종 비	아들 자
하되	旣	是	我	母 인대	合	知	本	罪 하리니	
	이미 기	옳을 시	나 아	어머니 모	적합할 합	알 지	근본 본	허물 죄	
作	何	行	業 하여	墮	於	惡	道 잇가	婢	
지을 작	어찌 하	행할 행	업 업	떨어질 타	어조사 어	악할 악	길 도	계집종 비	
子	答	言 하되	以	殺	害	毀	罵	二	業
아들 자	대답 답	말씀 언	써 이	죽일 살	해할 해	헐 훼	욕할 매	두 이	업 업
受	報 호라	若	非	蒙	福 하여	救	拔	吾	
받을 수	갚을 보	만약 약	아닐 비	입을 몽	복 복	구원할 구	뽑을 발	나 오	
難 이면	以	是	業	故 로	未	合	解	脫	
어려울 난	써 이	이 시	업 업	연고 고	아닐 미	합할 합	풀 해	벗을 탈	
하리라	光	目 이	問	言 하되	地	獄	罪	報	
	빛 광	눈 목	물을 문	말씀 언	땅 지	옥 옥	허물 죄	갚을 보	

광목이 목이 메어 슬피 울면서 종의 자식에게 이르기를
'이미 바로 나의 어머님이라면 본래 지은 죄업을 다 알 것이니
어떠한 행업을 지어서 악도에 떨어졌습니까?' 하고 물으니 종의 아들이 대답하여 말하기를
'생물을 죽이고 불법을 헐뜯고 비방한 두 가지 업으로 보를 받았는데
만약 복을 지어 그 힘으로 나를 고난에서 빼내어 구원해 주지 않았다면
이 업 때문에 해탈을 얻지 못할 것이다.'라고 하였다. 광목이 묻기를

其	事	云	何	잇가	婢	子	答	言	하되	罪
그 기	일 사	이를 운	어찌 하		계집종 비	아들 자	대답 답	말씀 언		허물 죄

苦	之	事	는		不	忍	稱	說	이라	百	千
괴로울 고	어조사 지	일 사			아닐 불	차마 못할 인	일컬을 칭	말씀 설		일백 백	일천 천

歲	中	에		卒	白	難	竟	이니라
해 세	가운데 중			모두 졸	아뢸 백	어려울 난	마침내 경	

3) 광목이 서원을 세우다

光	目	이	聞	己	에	啼	淚	號	泣	하여
빛 광	눈 목		들을 문	이미 이		울 제	눈물 루	부르짖을 호	울 읍	

而	白	空	界	하되	願	我	之	母	永	脫
말 이을 이	아뢸 백	빌 공	경계 계		원할 원	나 아	어조사 지	어머니 모	길 영	벗을 탈

地	獄	하여	畢	十	三	歲	하고는	更	無	重
땅 지	옥 옥		마칠 필	열 십	석 삼	해 세		다시 갱	없을 무	무거울 중

'지옥의 죄보는 어떠한 것인지요?' 하니 종의 아들이 대답하기를
'죄고의 일은 차마 말로는 다할 수가 없다.
백천 세를 두고 말한다 하더라고 다하기는 어려울 것이다.'라고 하였다."

"광목이 듣기를 마치고는 눈물을 흘리며 슬피 울면서 하늘을 향하여 말하기를
'원컨대 나의 어머니가 영원히 지옥을 벗어나서 십삼 세를 지내고도

罪	와	及	歷	惡	道	케하시며	十	方	諸	佛
허물 죄		및 급	지날 력	악할 악	길 도		열 십(시)	방위 방	모두 제	부처 불

이	慈	哀	愍	我	하사	聽	我	爲	母	하여
	사랑 자	슬플 애	근심할 민	나 아		들을 청	나 아	위할 위	어머니 모	

所	發	廣	大	誓	願	하소서	若	得	我	母
바 소	필 발	넓을 광	큰 대	맹세할 서	원할 원		만약 약	얻을 득	나 아	어머니 모

永	離	三	途	와	及	斯	下	賤	과	乃
길 영	떠날 리	석 삼	길 도		및 급	이 사	아래 하	천할 천		이에 내

至	女	人	之	身	하여	永	劫	不	受	者
이를 지	여자 여	사람 인	어조사 지	몸 신		길 영	겁 겁	아닐 불	받을 수	것 자

면	願	我	自	今	日	後	로	對	淸	淨
	원할 원	나 아	스스로 자	이제 금	날 일	뒤 후		대할 대	맑을 청	깨끗할 정

蓮	華	目	如	來	像	前	하여	却	後	百
연꽃 연	꽃 화	눈 목	같을 여	올 래	모양 상	앞 전		물리칠 각	뒤 후	일백 백

다시는 무거운 죄로 악도에 돌아다니는 일이 없게 하소서.

시방에 계시는 여러 부처님께서는 자비로 저를 불쌍히 여기시어

제가 어머니를 위해 세우는 광대한 서원을 들어 주소서.

만약 저의 어머니가 영원히 삼악도와 이러한 하천함과 여인의 몸까지를 영원히 여의고

영겁 동안 받지 않게 된다면, 저는 오늘부터 청정연화목여래의 상 앞에 나아가

千	萬	億	劫	中 에		應	有	世	界 의
일천 천	일만 만	억 억	겁 겁	가운데 중		응당 응	있을 유	세상 세	경계 계

所	有	地	獄 과		及	三	惡	道	諸	罪
바 소	있을 유	땅 지	옥 옥		및 급	석 삼	악할 악	길 도	모두 제	허물 죄

苦	衆	生 을		誓	願	救	拔 하여		令	離
괴로울 고	무리 중	날 생		맹세할 서	원할 원	구원할 구	뽑을 발		하여금 영	떠날 리

地	獄	惡	趣	畜	生	餓	鬼	等 하고		如
땅 지	옥 옥	악할 악	갈래 취	짐승 축	날 생	주릴 아	귀신 귀	무리 등		같을 여

是	罪	報	等	人 이		盡	成	佛	竟	然
이 시	허물 죄	갚을 보	무리 등	사람 인		다할 진	이룰 성	부처 불	마침내 경	그럴 연

後 에사		我	方	成	正	覺 하리다 하더니		發	誓	願
뒤 후		나 아	장차 방	이룰 성	바를 정	깨달을 각		필 발	맹세할 서	원할 원

已 에		具	聞	淸	淨	蓮	華	目	如	來
이미 이		갖출 구	들을 문	맑을 청	깨끗할 정	연꽃 연	꽃 화	눈 목	같을 여	올 래

백천만억 겁 동안 세계마다 있는 지옥과 삼악도에서 모든 죄고에 시달리는 중생들을 구제하여

영원히 지옥, 악취, 축생, 아귀 등을 떠나도록 하며,

이와 같은 죄보를 받는 사람들이 모두 성불한 뒤에

그때 저는 비로소 정각을 성취할 것을 서원합니다.'라고 하였다.

서원을 발하여 마치니 청정연화목여래의 말소리가 똑똑히 들려왔다.

之	說	이라	而	告	之	曰	光	目	아	汝
어조사 지	말씀 설		말 이을 이	고할 고	어조사 지	가로 왈	빛 광	눈 목		너 여
大	慈	愍	으로	善	能	爲	母	하여	發	如
큰 대	사랑 자	근심할 민		착할 선	능할 능	위할 위	어머니 모		필 발	같을 여
是	大	願	일새	吾	觀	하니	汝	母	十	三
이 시	큰 대	원할 원		나 오	볼 관		너 여	어머니 모	열 십	석 삼
歲	畢	하면	捨	此	報	已	하고	生	爲	梵
해 세	마칠 필		버릴 사	이 차	갚을 보	이미 이		날 생	할 위	하늘 범
志	하여	壽	年	百	歲	하고	過	是	報	後
뜻 지		목숨 수	해 년	일백 백	해 세		지날 과	이 시	갚을 보	뒤 후
에는	當	生	無	憂	國	土	하여	壽	命	은
	마땅 당	날 생	없을 무	근심 우	나라 국	흙 토		목숨 수	목숨 명	
不	可	計	劫	이라	後	成	佛	果	하여	廣
아닐 불	가히 가	셈 계	겁 겁		뒤 후	이룰 성	부처 불	과실 과		넓을 광

'광목아, 너의 큰 자비와 연민으로 어머니를 위하여 이 같은 큰 소원을 내는구나.

내가 살펴보건대 너의 어머니는 십삼 세가 지나면

이 과보의 몸을 버리고 범지로 태어나서 수명을 백 세나 살 것이며,

이 과보가 지나고 나면 무우국토에 태어나서 수명은 헤아릴 수 없는 겁을 살게 된다.

그리고 뒤에는 불과를 성취하여

度	人	天	하되	數	如	恒	河	沙	하리라 하였나니라	佛
법도 도	사람 인	하늘 천		셈 수	같을 여	항상 항	물 하	모래 사		부처 불
告	定	自	在	王	하시되	爾	時	에	羅	漢
고할 고	정할 정	스스로 자	있을 재	임금 왕		너 이	때 시		그물 나	한나라 한
이	福	度	光	目	者	는	卽	無	盡	意
	복 복	법도 도	빛 광	눈 목	사람 자		곧 즉	없을 무	다할 진	뜻 의
菩	薩	이	是	요	光	目	母	者	는	卽
보리 보	보살 살		이 시		빛 광	눈 목	어머니 모	사람 자		곧 즉
解	脫	菩	薩	이	是	요	光	目	女	者
풀 해	벗을 탈	보리 보	보살 살		이 시		빛 광	눈 목	여자 녀	사람 자
는	卽	地	藏	菩	薩	이	是	라	過	去
	곧 즉	땅 지	감출 장	보리 보	보살 살		이 시		지날 과	갈 거
久	遠	劫	中	에	如	是	慈	愍	하여	發
오랠 구	멀 원	겁 겁	가운데 중		같을 여	이 시	사랑 자	근심할 민		필 발

널리 인간과 천인들을 제도하며 그 수는 항하의 모래 수와 같을 것이다.'라고 하였다."
부처님께서 정자재왕보살에게 고하시기
"그때의 나한으로 광목에게 복을 지어 어머니를 제도하게 한 사람은 곧 무진의보살이요,
광목의 어머니는 곧 해탈보살이요, 광목녀는 곧 지장보살이다.
지장보살은 과거 구원겁 중에 이와 같이 자비와 연민으로

恒	河	沙	願	하시어	廣	度	衆	生	하니라		未
항상 항	물 하	모래 사	원할 원		넓을 광	법도 도	무리 중	날 생			아닐 미
來	世	中	에		若	有	男	子	女	人	의
올 래	세상 세	가운데 중			만약 약	있을 유	사내 남	아들 자	여자 여	사람 인	
不	行	善	者	와		行	惡	者	와	乃	至
아닐 불	행할 행	착할 선	사람 자			행할 행	악할 악	사람 자		이에 내	이를 지
不	信	因	果	者	와	邪	淫	妄	語	者	
아닐 불	믿을 신	인할 인	과실 과	사람 자		간사할 사	음란할 음	망령될 망	말씀 어	사람 자	
와	兩	舌	惡	口	者	와	毁	謗	大	乘	
	두 양	혀 설	악할 악	입 구	사람 자		헐 훼	헐뜯을 방	큰 대	탈 승	
者	인	如	是	諸	業	衆	生	은		必	墮
사람 자		같을 여	이 시	모두 제	업 업	무리 중	날 생			반드시 필	떨어질 타
惡	趣	하리니	若	遇	善	知	識	하여		勸	令
악할 악	갈래 취		만약 약	만날 우	착할 선	알 지	알 식			권할 권	하여금 령

항하사의 원을 발하여 널리 중생을 제도하였다.

미래세 중에 만약 남자와 여인이 있어 선을 행하지 않는 자와 악을 행하는 자와

인과를 믿지 않는 자와 사음하고 거짓말하는 자와

두 가지의 말을 하는 자와 악담하는 자와 대승을 훼방하는 자 등

이와 같은 여러 업을 짓는 중생들은 반드시 악취에 떨어지게 된다.

그러나 만약 선지식을 만나

一	彈	指	間	이라도	歸	依	地	藏	菩	薩
한 일	튕길 탄	손가락 지	사이 간		돌아갈 귀	의지할 의	땅 지	감출 장	보리 보	보살 살
케하면	是	諸	衆	生	이	即	得	解	脫	三
	이 시	모두 제	무리 중	날 생		곧 즉	얻을 득	풀 해	벗을 탈	석 삼
惡	道	報	하리니							
악할 악	길 도	갚을 보								

4. 지장경을 유포할 원을 세우다

若	能	至	心	歸	敬	하며	及	瞻	禮	讚
만약 약	능할 능	지극할 지	마음 심	돌아갈 귀	공경 경		및 급	볼 첨	예도 례	기릴 찬
歎	하고	香	華	衣	服	과	種	種	珍	寶
찬탄할 탄		향기 향	꽃 화	옷 의	옷 복		종류 종	종류 종	보배 진	보배 보
와	或	復	飲	食	으로	如	是	奉	事	者
	혹 혹	다시 부	마실 음	먹을 식		같을 여	이 시	받들 봉	섬길 사	사람 자

손가락을 한 번 튕기는 짧은 시간이라도 지장보살에게 귀의하게 되면
이 여러 중생들은 곧 삼악도의 과보에서 해탈을 얻게 될 것이다."라고 하셨다.

"만약 지극한 마음으로 귀의하여 공경하고 우러르며 찬탄하고
향과 꽃과 의복과 갖가지의 진보와 혹은 음식을 가지고 이와 같이 받들어 모시는 자는

는	未	來	百	千	萬	億	劫	中	에	常
	아닐 미	올 래	일백 백	일천 천	일만 만	억 억	겁 겁	가운데 중		항상 상
在	諸	天	하여	受	勝	妙	樂	하리니	若	天
있을 재	모두 제	하늘 천		받을 수	수승할 승	묘할 묘	즐길 락		만약 약	하늘 천
福	盡	하여	下	生	人	間	이라도	猶	百	千
복 복	다할 진		아래 하	날 생	사람 인	사이 간		오히려 유	일백 백	일천 천
劫	을	常	爲	帝	王	하여	能	憶	宿	命
겁 겁		항상 상	될 위	임금 제	임금 왕		능할 능	생각할 억	묵을 숙	목숨 명
因	果	本	末	하리라	定	自	在	王	아	如
인할 인	과실 과	근본 본	끝 말		정할 정	스스로 자	있을 재	임금 왕		같을 여
是	地	藏	菩	薩	이	有	如	此	不	可
이 시	땅 지	감출 장	보리 보	보살 살		있을 유	같을 여	이 차	아닐 불	가히 가
思	議	大	威	神	力	하여	廣	利	衆	生
생각 사	의논할 의	큰 대	위엄 위	신통할 신	힘 력		넓을 광	이로울 리	무리 중	날 생

미래세의 백천만억 겁 중에도 항상 여러 하늘에 있으면서 뛰어나게 묘함과 즐거움을 받을 것이다.

만약 하늘의 복이 다하고 인간에 태어난다 할지라도

오히려 백천 겁 동안 항상 제왕이 되며 능히 숙명의 인과에 대한 본말을 기억하게 될 것이다.

정자재왕아, 지장보살은 이와 같이 생각할 수 없을 만큼 대위신력이 있어

널리 중생을 이롭게 하니

하나니	汝	等	諸	菩	薩	은		當	記	是	經
	너 **여**	무리 **등**	모두 **제**	보리 **보**	보살 **살**			마땅 **당**	기록할 **기**	이 **시**	글 **경**
하여	廣	宣	流	布	하라		定	自	在	王	이
	넓을 **광**	베풀 **선**	흐를 **유**	펼 **포**			정할 **정**	스스로 **자**	있을 **재**	임금 **왕**	
白	佛	言	하시되	世	尊	하		願	不	有	慮
아뢸 **백**	부처 **불**	말씀 **언**		세상 **세**	높을 **존**			원할 **원**	아닐 **불**	있을 **유**	생각할 **려**
하소서	我	等	千	萬	億	菩	薩	摩	訶	薩	
	나 **아**	무리 **등**	일천 **천**	일만 **만**	억 **억**	보리 **보**	보살 **살**	갈 **마**	꾸짖을 **하**	보살 **살**	
이	必	能	承	佛	威	神	하사	廣	演	是	
	반드시 **필**	능할 **능**	이을 **승**	부처 **불**	위엄 **위**	신통할 **신**		넓을 **광**	펼 **연**	이 **시**	
經	하여	於	閻	浮	提	에		利	益	衆	生
글 **경**		어조사 **어**	마을 **염**	뜰 **부**	끌 **제**			이로울 **이**	더할 **익**	무리 **중**	날 **생**
하리이다	定	自	在	王	菩	薩	이		白	世	尊
	정할 **정**	스스로 **자**	있을 **재**	임금 **왕**	보리 **보**	보살 **살**			아뢸 **백**	세상 **세**	높을 **존**

너희들 모든 보살들은 마땅히 이 경전을 기록하여 널리 유포케 하라."고 하시었다.
정자재왕보살이 부처님께 말씀드리기를 "세존이시여, 원컨대 심려치 마십시오.
저희들 천만억 보살마하살이 반드시 부처님의 위신력을 받들어
널리 이 경을 연설하여 염부제에서 중생을 이롭게 하겠습니다."라고 하였다.
정자재왕보살이 세존께 말씀드리기를 마치고

已	하시고		合	掌	恭	敬	하시며		作	禮	而	退
이미 **이**			합할 **합**	손바닥 **장**	공손할 **공**	공경 **경**			지을 **작**	예도 **례**	말 이을 **이**	물러날 **퇴**
하니라												

5. 사천왕들의 의문

爾	時	에		四	方	天	王	이		俱	從	座
너 **이**	때 **시**			넉 **사**	방위 **방**	하늘 **천**	임금 **왕**			함께 **구**	좇을 **종**	자리 **좌**
起	하여		合	掌	恭	敬	하고		白	佛	言	하시되
일어날 **기**			합할 **합**	손바닥 **장**	공손할 **공**	공경 **경**			아뢸 **백**	부처 **불**	말씀 **언**	
世	尊	하	地	藏	菩	薩	이		於	久	遠	
세상 **세**	높을 **존**		땅 **지**	감출 **장**	보리 **보**	보살 **살**			어조사 **어**	오랠 **구**	멀 **원**	
劫	來	에	發	如	是	大	願	하되		云	何	
겁 **겁**	올 **래**		필 **발**	같을 **여**	이 **시**	큰 **대**	원할 **원**			이를 **운**	어찌 **하**	

합장 공경하여 예를 올린 후에 자리에서 물러갔다.

그때에 사방의 천왕들이 함께 자리에서 일어나서 합장하여 공경을 표시하고
부처님께 말씀드리기를 "세존이시여, 지장보살이 오랜 세월 전부터
이와 같은 큰 원을 발하였는데

至	今	에	猶	度	未	絶	하여	更	發	廣
이를 지	이제 금		오히려 유	법도 도	아닐 미	끊을 절		다시 갱	필 발	넓을 광

大	誓	願	하시나이까	唯	願	世	尊	하	爲	我
큰 대	맹세할 서	원할 원		오직 유	원할 원	세상 세	높을 존		위할 위	나 아

等	說	하소서	佛	告	四	天	王	하시되	善	哉
무리 등	말씀 설		부처 불	고할 고	넉 사	하늘 천	임금 왕		착할 선	어조사 재

善	哉	라	吾	今	에	爲	汝	及	未	來
착할 선	어조사 재		나 오	이제 금		위할 위	너 여	및 급	아닐 미	올 래

現	在	天	人	衆	等	하여	廣	利	益	故
지금 현	있을 재	하늘 천	사람 인	무리 중	무리 등		넓을 광	이로울 이	더할 익	연고 고

로	說	地	藏	菩	薩	이	於	娑	婆	世
	말씀 설	땅 지	감출 장	보리 보	보살 살		어조사 어	춤출 사	할미 파(바)	세상 세

界	閻	浮	提	內	生	死	道	中	에	慈
경계 계	마을 염	뜰 부	끌 제	안 내	날 생	죽을 사	길 도	가운데 중		사랑 자

어찌하여 지금까지 오히려 제도하는 일이 끊어지지 아니하고 다시 광대한 서원을 발하십니까?

원컨대 세존께서는 저희들을 위하여 설하여 주십시오."라고 하였다.

이에 부처님께서는 사천왕에게 말씀하시기를 "착하고 착하구나,

내 지금 너희들과 미래와 현재의 천인의 무리들에게 이익을 널리 펼치고자 하므로

지장보살이 사바세계 염부제 안의 생사의 길에서

哀	救	拔	하여	度	脫	一	切	罪	苦	衆
슬플 애	구원할 구	뽑을 발		법도 도	벗을 탈	한 일	온통 체	허물 죄	괴로울 고	무리 중
生	하는		方	便	之	事	하리라	四	天	王	이
날 생			처방 방	편할 편	어조사 지	일 사		넉 사	하늘 천	임금 왕	
言	하시되		唯	然	世	尊	하	願	樂	欲	聞
말씀 언			예 유	그럴 연	세상 세	높을 존		원할 원	좋아할 요	하고자 할 욕	들을 문

사랑과 슬픔으로 모든 죄고 중생들을 구원하여 제도하는
방편의 일을 설하여 주겠노라."고 하시니,
사천왕이 말하기를 "예, 세존이시여, 원컨대 즐거이 듣고자 합니다."라고 하였다.
부처님께서 사천왕에게 이르시기를
"지장보살은 구원겁으로부터 지금까지 중생을 제도하였으나 아직도 서원을 마치지 못하여
이 세계의 죄고에 시달리는 중생들을 사랑과 연민으로 생각하며

哀	救	拔	하여	度	脫	一	切	罪	苦	衆
슬플 애	구원할 구	뽑을 발		법도 도	벗을 탈	한 일	온통 체	허물 죄	괴로울 고	무리 중
生 하는		方	便	之	事 하리라		四	天	王 이	
날 생		처방 방	편할 편	어조사 지	일 사		넉 사	하늘 천	임금 왕	
言 하시되		唯	然	世	尊 하		願	樂	欲	聞
말씀 언		예 유	그럴 연	세상 세	높을 존		원할 원	좋아할 요	하고자 할 욕	들을 문
하나이다	佛	告	四	天	王 하시되		地	藏	菩	薩
	부처 불	고할 고	넉 사	하늘 천	임금 왕		땅 지	감출 장	보리 보	보살 살
이	久	遠	劫	來 로		迄	至	于	今 히	
	오랠 구	멀 원	겁 겁	올 래		이를 흘	이를 지	어조사 우	이제 금	
度	脫	衆	生 하되		猶	未	畢	願 하여		慈
법도 도	벗을 탈	무리 중	날 생		오히려 유	아닐 미	마칠 필	원할 원		사랑 자
愍	此	世	罪	苦	衆	生 하며		多	觀	未
근심할 민	이 차	세상 세	허물 죄	괴로울 고	무리 중	날 생		많을 다	볼 관	아닐 미

來	無	量	劫	中 에		因	蔓	不	斷 일새
올 래	없을 무	헤아릴 량	겁 겁	가운데 중		인할 인	뻗을 만	아닐 부	끊을 단

以	是	之	故 로		又	發	重	願 하나니		如
써 이	이 시	어조사 지	연고 고		또 우	필 발	거듭할 중	원할 원		같을 여

是	菩	薩 은		於	娑	婆	世	界	閻	浮
이 시	보리 보	보살 살		어조사 어	춤출 사	할미 파(바)	세상 세	경계 계	마을 염	뜰 부

提	中 에		百	千	萬	億	方	便 으로		而
끌 제	가운데 중		일백 백	일천 천	일만 만	억 억	처방 방	편할 편		말 이을 이

爲	教	化 하나니라
할 위	가르칠 교	될 화

6. 지장보살의 방편설법

四	天	王 아		地	藏	菩	薩 이		若	遇
넉 사	하늘 천	임금 왕		땅 지	감출 장	보리 보	보살 살		만약 약	만날 우

미래의 끝없는 무량겁 중에도 이어져서 끊어지지 아니함을 살피었다.
이러한 까닭으로 다시 거듭 서원을 발하였으니 이와 같이 보살은
사바세계 염부제 중에서 백천만억의 방편으로 교화하고 있다."라고 하셨다.

"사천왕이여, 지장보살이 살생하는 자를 만나면

殺	生	者	하면	說	宿	殃	短	命	報	하고
죽일 **살**	날 **생**	사람 **자**		말씀 **설**	묵을 **숙**	재앙 **앙**	짧을 **단**	목숨 **명**	갚을 **보**	
若	遇	竊	盜	者	하면	說	貧	窮	苦	楚
만약 **약**	만날 **우**	훔칠 **절**	훔칠 **도**	사람 **자**		말씀 **설**	가난할 **빈**	다할 **궁**	괴로울 **고**	회초리 **초**
報	하고	若	遇	邪	淫	者	하면	說	雀	鴿
갚을 **보**		만약 **약**	만날 **우**	간사할 **사**	음란할 **음**	사람 **자**		말씀 **설**	참새 **작**	집비둘기 **합**
鴛	鴦	報	하고	若	遇	惡	口	者	하면	說
원앙 **원**	원앙 **앙**	갚을 **보**		만약 **약**	만날 **우**	악할 **악**	입 **구**	사람 **자**		말씀 **설**
眷	屬	鬪	諍	報	하고	若	遇	毀	謗	者
돌볼 **권**	무리 **속**	싸움 **투**	간할 **쟁**	갚을 **보**		만약 **약**	만날 **우**	헐 **훼**	헐뜯을 **방**	사람 **자**
하면	說	無	舌	瘡	口	報	하고	若	遇	瞋
	말씀 **설**	없을 **무**	혀 **설**	부스럼 **창**	입 **구**	갚을 **보**		만약 **약**	만날 **우**	성낼 **진**
恚	者	하면	說	醜	陋	癃	殘	報	하고	若
성낼 **에**	사람 **자**		말씀 **설**	추할 **추**	더러울 **루**	느른할 **융**	상처 **잔**	갚을 **보**		만약 **약**

전생의 재앙으로 단명의 과보를 받는다고 설해 주며,
만약 도적질하는 사람을 만나면 빈궁으로 고초를 받는다고 설해 주고,
만약 사음하는 사람을 만나면 참새와 비둘기와 원앙새가 되는 갚음을 받는다고 설해 준다.
만약 악구를 하는 사람을 만나면 권속들이 서로 싸우고 다투게 되는 과보를 설해 주고,
만약 남을 헐뜯고 훼방하는 사람을 만나면 혀가 없어지거나 입에 창이 나는 과보를 설해 주며,
만약 성내는 사람을 만나면 얼굴이 더럽고 파리해지는 병의 과보를 받는다고 설해 주고,

遇	慳	悋	者	하면	說	所	求	違	願	報
만날 우	아낄 간	아낄 린	사람 자		말씀 설	바 소	구할 구	어긋날 위	원할 원	갚을 보

하고	若	遇	飮	食	無	度	者	하면	說	飢
	만약 약	만날 우	마실 음	먹을 식	없을 무	법도 도	사람 자		말씀 설	주릴 기

渴	咽	病	報	하고	若	遇	畋	獵	恣	情
목마를 갈	목구멍 인	병 병	갚을 보		만약 약	만날 우	사냥할 전	사냥 렵	마음대로 자	뜻 정

者	하면	說	驚	狂	喪	命	報	하고	若	遇
사람 자		말씀 설	놀랄 경	미칠 광	죽을 상	목숨 명	갚을 보		만약 약	만날 우

悖	逆	父	母	者	하면	說	天	地	災	殺
거스를 패	거스를 역	아버지 부	어머니 모	사람 자		말씀 설	하늘 천	땅 지	재앙 재	죽일 살

報	하고	若	遇	燒	山	林	木	者	하면	說
갚을 보		만약 약	만날 우	불사를 소	뫼 산	수풀 림	나무 목	사람 자		말씀 설

狂	迷	取	死	報	하고	若	遇	前	後	父
미칠 광	미혹할 미	가질 취	죽을 사	갚을 보		만약 약	만날 우	앞 전	뒤 후	아버지 부

만약 인색하고 탐욕하는 사람을 만나면 구하는 것이 소원대로 되지 않는 과보를 받는다고
설해 준다. 만약 음식을 과도하게 먹는 사람을 만나면 굶주리고 목말라서 목병 나는 과보를
설해 주고, 만약 제멋대로 사냥하는 사람을 만나면 놀라고 미쳐서 목숨을 잃는
과보를 받는다고 설해 주며, 만약 부모의 뜻을 어기고 행패 부리는 사람을 만나면 천재지변으로
재앙과 죽음의 과보가 내린다고 설해 주고, 만약 산림과 나무를 불에 태우는 사람을 만나면
미쳐서 정신없이 다니다가 죽게 되는 과보를 설해 주며,

母	惡	毒	者	하면	說	返	生	鞭	撻	現
어머니 모	악할 악	독 독	사람 자		말씀 설	바꿀 반	날 생	채찍 편	때릴 달	나타날 현
受	報	하고	若	遇	網	捕	生	雛	者	하면
받을 수	갚을 보		만약 약	만날 우	그물 망	잡을 포	날 생	병아리 추	사람 자	
說	骨	肉	分	離	報	하고	若	遇	毀	謗
말씀 설	뼈 골	혈연 육	나눌 분	떠날 리	갚을 보		만약 약	만날 우	헐 훼	헐뜯을 방
三	寶	者	하면	說	盲	聾	瘖	啞	報	하고
석 삼	보배 보	사람 자		말씀 설	소경 맹	귀먹을 롱	벙어리 음	벙어리 아	갚을 보	
若	遇	輕	法	慢	敎	者	하면	說	永	處
만약 약	만날 우	가벼울 경	법 법	거만할 만	가르칠 교	사람 자		말씀 설	길 영	곳 처
惡	道	報	하고	若	遇	破	用	常	住	者
악할 악	길 도	갚을 보		만약 약	만날 우	깨뜨릴 파	쓸 용	항상 상	살 주	사람 자
하면	說	億	劫	輪	廻	地	獄	報	하고	若
	말씀 설	억 억	겁 겁	바퀴 윤	돌 회	땅 지	옥 옥	갚을 보		만약 약

만약 전후 부모에게 악독한 짓을 하는 사람을 만나면 바뀌어 태어나서 매 맞음을 받게 되는 과보를 설해 주며, 만약 그물로 날짐승을 잡는 사람을 만나면 골육 간에 헤어지고 이별하는 과보를 받는다고 설해 준다. 만약 삼보를 훼방하는 사람을 만나면 장님과 귀머거리와 벙어리가 되는 과보를 받는다고 설해 주며, 만약 부처님의 법을 가볍게 여기고 업신여기는 사람을 만나면 영원히 악도에 떨어지는 과보를 받는다고 설해 주고, 만약 상주물을 파괴하거나 함부로 사용하는 사람을 만나면 억겁 동안 지옥을 윤회하는 과보를 받는다고 설해 주며,

遇	汚	梵	誣	僧	者	하면	說	永	在	畜
만날 우	더러울 오	하늘 범	속일 무	스님 승	사람 자		말씀 설	길 영	있을 재	짐승 축

生	報	하고	若	遇	湯	火	斬	斫	傷	生
날 생	갚을 보		만약 약	만날 우	끓일 탕	불 화	벨 참	벨 작	다칠 상	날 생

者	하면	說	輪	廻	遞	償	報	하고	若	遇
사람 자		말씀 설	바퀴 윤	돌 회	갈마들 체	갚을 상	갚을 보		만약 약	만날 우

破	戒	犯	齋	者	하면	說	禽	獸	飢	餓
깨뜨릴 파	경계할 계	범할 범	재계할 재	사람 자		말씀 설	날짐승 금	짐승 수	주릴 기	주릴 아

報	하고	若	遇	非	理	毁	用	者	하면	說
갚을 보		만약 약	만날 우	아닐 비	다스릴 리	헐 훼	쓸 용	사람 자		말씀 설

所	求	闕	絶	報	하고	若	遇	我	慢	貢
바 소	구할 구	이지러질 궐	끊을 절	갚을 보		만약 약	만날 우	나 아	거만할 만	잘난체할 공

高	者	하면	說	卑	使	下	賤	報	하고	若
높을 고	사람 자		말씀 설	낮을 비	부릴 사	아래 하	천할 천	갚을 보		만약 약

만약 범행을 더럽히고 스님을 속이는 사람을 만나면 영원히 축생이 되는 과보를 받는다고
설해 준다. 만약 끓는 물이나 모진 불이나 낫이나 도끼로 생물을 상하게 하는 사람을 만나면
윤회하면서 되갚음을 받는 과보가 있다고 설해 주며, 만약 계를 파하거나 재를 범하는 사람을
만나면 짐승이 되거나 주림을 받는다고 설해 주고, 만약 비리나 부정으로 재물을 마구 쓰는
사람을 만나면 구하는 것이 없어지고 끊어지는 과보를 받는다고 설해 준다.
만약 아만심이 높은 사람을 만나면 미천한 종이 되는 과보를 받는다고 설해 주고,

遇	兩	舌	鬪	亂	者	하면	說	無	舌	百
만날 우	두 양	혀 설	싸움 투	어지러울 란	사람 자		말씀 설	없을 무	혀 설	일백 백
舌	報	하고	若	遇	邪	見	者	하면	說	邊
혀 설	갚을 보		만약 약	만날 우	간사할 사	견해 견	사람 자		말씀 설	가 변
地	受	生	報	하나니	如	是	等	閻	浮	提
땅 지	받을 수	날 생	갚을 보		같을 여	이 시	무리 등	마을 염	뜰 부	끌 제
衆	生	의	身	口	意	業	惡	習	結	果
무리 중	날 생		몸 신	입 구	뜻 의	업 업	악할 악	익힐 습	맺을 결	과실 과
로	百	千	報	應	을	今	麤	略	說	하나니
	일백 백	일천 천	갚을 보	응할 응		이제 금	거칠 추	간략할 약	말씀 설	
如	是	等	閻	浮	提	衆	生	의	業	感
같을 여	이 시	무리 등	마을 염	뜰 부	끌 제	무리 중	날 생		업 업	느낄 감
差	別	을	地	藏	菩	薩	이	百	千	方
다를 차	다를 별		땅 지	감출 장	보리 보	보살 살		일백 백	일천 천	처방 방

만약 두 가지 말로 이간질하여 싸우게 하는 사람을 만나면 혀가 없거나

혀가 백 개나 되는 과보를 받는다고 설해 주며, 만약 삿된 소견을 가진 사람을 만나면

변방에 태어나는 과보를 받는다고 설해 준다.

이와 같이 염부제 중생들이 몸이나 입이나 뜻으로 짓는 악업의 결과는

백천 가지 보응으로 이루어진다는 것을 지금 대강 설명하였다.

이와 같이 염부제 중생들이 업으로 느끼는 차별을 지장보살이 백천의 방편으로 교화하지만

便 으로		而	敎	化	之 언마는		是	諸	衆 生
편할 편		말 이을 이	가르칠 교	될 화	어조사 지		이 시	모두 제	무리 중 / 날 생
이	先	受	如	是	等	報 하고		後	墮 地
	먼저 선	받을 수	같을 여	이 시	무리 등	갚을 보		뒤 후	떨어질 타 / 땅 지
獄 하여		動	經	劫	數 하되		無	有	出 期
옥 옥		움직일 동	지날 경	겁 겁	셈 수		없을 무	있을 유	날 출 / 기약할 기
하나니	是	故 로		汝	等 은		護	人	護 國
	이 시	연고 고		너 여	무리 등		도울 호	사람 인	도울 호 / 나라 국
하여	無	令	是	諸	衆	業 으로		迷	惑 衆
	없을 무	하여금 영	이 시	모두 제	무리 중	업 업		미혹할 미	미혹할 혹 / 무리 중
生 케하라		四	天	王 이		聞	已 에		涕 淚
날 생		넉 사	하늘 천	임금 왕		들을 문	이미 이		눈물 체 / 눈물 루
悲	歎 하시고		合	掌	而	退 하니라			
슬플 비	탄식할 탄		합할 합	손바닥 장	말 이을 이	물러날 퇴			

이러한 모든 중생들이 먼저 이와 같은 과보를 받은 뒤에 지옥에 떨어져서
잠깐 사이에 겁수를 지내면서 나올 기약이 없다.
그러므로 그대들은 사람을 보호하고 나라를 보호하여
이러한 모든 여러 가지 업으로 하여금 중생들을 미혹됨이 없게 하라."
사천왕들이 듣고 나서 눈물을 흘리면서 슬피 탄식한 뒤에 합장하고 물러갔다.

〈제1권 끝〉

사경 발원문

사경 끝난 날 :   년   월   일

_____ 두손 모음

如天 無比

1943년 영덕에서 출생하였다.

1958년 출가하여 덕흥사, 불국사, 범어사를 거쳐 1964년 해인사 강원을 졸업하고 동국역경연수원에서 수학하였다.

10여 년 선원생활을 하고 1976년 탄허 스님에게 화엄경을 수학하고 전법, 이후 통도사 강주, 범어사 강주,

은해사 승가대학원장, 대한불교조계종 교육원장, 동국역경원장, 동화사 한문불전승가대학원장 등을 역임하였다.

2018년 5월에는 수행력과 지도력을 갖춘 승랍 40년 이상 되는 스님에게 품서되는 대종사 법계를 받았다.

현재 부산 문수선원 문수경전연구회에서 150여 명의 스님과 300여 명의 재가 신도들에게 화엄경을 강의하고 있다.

또한 다음 카페 '염화실'(http://cafe.daum.net/yumhwasil)을 통해

'모든 사람을 부처님으로 받들어 섬김으로써 이 땅에 평화와 행복을 가져오게 한다.'는 인불사상人佛思想을 펼치고 있다.

저서로

『대방광불화엄경 강설』(전 81권), 『무비 스님의 유마경 강설』(전 3권), 『대방광불화엄경 실마리』, 『무비 스님의 왕복서 강설』,

『무비 스님이 풀어 쓴 김시습의 법성게 선해』, 『법화경 법문』, 『신금강경 강의』, 『직지 강설』(전 2권), 『법화경 강의』(전 2권),

『신심명 강의』, 『임제록 강설』, 『대승찬 강설』, 『당신은 부처님』, 『사람이 부처님이다』, 『이것이 간화선이다』,

『무비 스님과 함께하는 불교공부』, 『무비 스님의 증도가 강의』, 『일곱 번의 작별인사』,

무비 스님이 가려 뽑은 명구 100선 시리즈(전 4권) 등이 있고

편찬하고 번역한 책으로 『화엄경(한글)』(전 10권), 『화엄경(한문)』(전 4권), 『금강경 오가해』 등이 있다.

또한 사경집으로 『대방광불화엄경 사경』(전 81권), 『금강반야바라밀경 사경』, 『반야바라밀다심경 사경』, 『보현행원품 사경』,

『관세음보살보문품 사경』, 『천수경 사경』, 『묘법연화경 사경』(전 7권), 『법화경약찬게 사경』 등 무비 스님의 사경 시리즈가 있다.

무비 스님의 지장경 사경 제1권

| 초판 1쇄 발행_ 2022년 6월 22일

| 지은이_ 여천 무비(如天 無比)

| 펴낸이_ 오세룡

| 편집_ 박성화 손미숙 전태영 유지민

| 기획_ 최은영 곽은영 김희재 진달래

| 디자인_ 박소영 고혜정 김효선

| 홍보 마케팅_ 이주하

| 펴낸곳_ 담앤북스

　　　서울특별시 종로구 새문안로3길 23 경희궁의 아침 4단지 805호

　　　대표전화 02)765-1251 전송 02)764-1251 전자우편 damnbooks@hanmail.net

　　　출판등록 제300-2011-115호

| ISBN　979-11-6201-050-1 (04220)

| ISBN　979-11-6201-049-5 (세트)

정가 10,000원